DESENVOLVENDO O CORE

Instituto Phorte Educação
Phorte Editora

Diretor-Presidente
Fabio Mazzonetto

Diretora Financeira
Vânia M. V. Mazzonetto

Editor-Executivo
Fabio Mazzonetto

Diretora Administrativa
Elizabeth Toscanelli

Conselho Editorial
Francisco Navarro
José Irineu Gorla
Marcos Neira
Neli Garcia
Reury Frank Bacurau
Roberto Simão

DESENVOLVENDO O CORE

Jeffrey M. Willardson

(Organizador)

Tradução: Bruno Rosinha

Revisão científica: Alexandre Evangelista

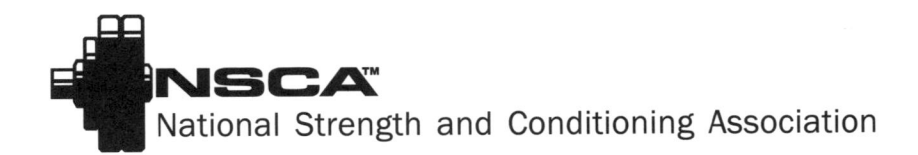

National Strength and Conditioning Association

editora

São Paulo, 2017

Título do original em inglês:
Developing the core
Copyright © 2014 by National Strength and Conditioning Association
Desenvolvendo o core
Copyright © 2017 by Phorte Editora

Rua Rui Barbosa, 408
Bela Vista – São Paulo – SP
CEP 01326-010
Tel./fax: (11) 3141-1033
Site: www.phorte.com.br
E-mail: phorte@phorte.com.br

CIP-BRASIL. CATALOGAÇÃO NA PUBLICAÇÃO
SINDICATO NACIONAL DOS EDITORES DE LIVROS, RJ

D486

Desenvolvendo o core / organização Jeffrey M. Willardson ; tradução Bruno Rosinha. - 1. ed. - São Paulo : Phorte 2017.
    264 p. : il. ; 23 cm.

    Tradução de: Developing the core
    Inclui bibliografia
    ISBN 978-85-7655-619-0

    1. Educação física - Estudo e ensino. 2. Prática de ensino. I. Willardson, Jeffrey M. II. National Strength and Conditioning Association.

16-34140	CDD: 372.86
	CDU: 372.86

ph2361.1

Este livro foi avaliado e aprovado pelo Conselho Editorial da Phorte Editora.

Impresso no Brasil
Printed in Brazil

Sumário

Introdução

Uma das prioridades dos atletas deve ser assegurar o condicionamento adequado da musculatura do *core*. Houve muitas publicações nos últimos anos, tanto nos meios de comunicação como nos periódicos científicos, sobre a importância desses músculos para os movimentos e para o desempenho esportivo eficaz. É preciso reconhecer que o *core* do corpo inclui tanto músculos esqueléticos passivos como ativos, além de componentes neurais. O papel crucial da musculatura central é manter a estabilidade do tronco. Nesse sentido, a bibliografia mais antiga sobre treinamento muscular do *core* veio da fisioterapia e do treinamento atlético (*athletic training*), para aliviar a dor lombar e corrigir a má postura.

Para pessoas saudáveis, o treinamento dos músculos do *core* é pensado para melhorar o desempenho esportivo aumentando a rigidez do tronco, proporcionando, assim, uma estrutura que permita uma maior produção de torque nos membros superiores e inferiores. Em outras palavras, um tronco estável permite que os atletas empurrem, puxem, chutem ou arremessem com mais força. No entanto, uma maior produção de torque tem pouco valor sem o direcionamento e sem a transferência de torque neurologicamente arranjado por meio dos segmentos corporais. Portanto, o treinamento muscular do *core* para os atletas não deve ser focado somente no desenvolvimento da força máxima, mas, também, no desenvolvimento de um maior controle motor. Obtém-se isso por meio da progressão individualizada de exercícios que envolvem uma variedade de padrões de recrutamento da musculatura do *core*, semelhante ao que pode acontecer durante uma competição esportiva.

A maioria dos profissionais de condicionamento físico sempre defendeu a prescrição de movimentos com pesos livres (e cabos) na preparação dos atletas em vez de movimentos envolvendo máquinas. A grande desvantagem de treinamentos feitos em equipamentos são os recursos limitados de estabilização do tronco e as posturas não específicas em relação à maioria das habilidades esportivas. Na última década, tem havido maior foco na prescrição de exercícios que posicionam o corpo (em diferentes posições e posturas) para melhorar os requisitos de controle motor na musculatura central e criar a combinação ideal de estabilidade do tronco e mobilidade específica para o movimento.

Este livro é o primeiro a abordar, de forma abrangente, diversas questões fundamentais relacionadas ao treinamento específico para a musculatura do *core*. Ele reúne um excelente grupo de cientistas esportivos e profissionais para fornecer as informações mais novas e precisas disponíveis, começando com um capítulo fundamental para estabelecer a definição anatômica do *core* com base no consenso científico atual. A maioria dos profissionais de condicionamento concorda que os grupos musculares lombares e abdominais são considerados músculos do *core*. Entretanto, este livro aborda a função de vários outros músculos do *core*, incluindo aqueles que ligam a região central do corpo com os membros superiores e inferiores, bem como a integração neurológica e a contribuição biomecânica dos músculos do *core* para a criação de movimentos eficientes.

Uma das principais questões na prescrição de exercícios adequados para a musculatura central é estabelecer o nível da função muscular do *core* de uma pessoa, inclusive a capacidade de estabilizar e de mover o tronco. A avaliação e o treinamento incluem ações isométricas e dinâmicas que podem ser combinadas progressivamente com ações dos membros superiores e inferiores. *Desenvolvimento do core* inclui modernas baterias de testes cientificamente validados e confiáveis, além de procedimentos de avaliação que podem ser facilmente incorporados na maioria dos locais de treinamento. A prescrição do exercício pode, então, ser baseada no nível de controle motor e nas deficiências específicas de cada pessoa.

Uma questão-chave do treinamento muscular do *core* é que as modalidades de exercícios recomendados na fisioterapia ou no treinamento atlético podem não proporcionar um estímulo suficiente para uma melhor adaptação para pessoas saudáveis. Portanto, os princípios da sobrecarga e da progressão são fatores fundamentais a considerar na prescrição de exercícios para os músculos do *core*. Este livro inclui debates sobre estudos do envolvimento muscular do *core* e os métodos mais seguros para estimular esses músculos, com progressões e diretrizes normativas gerais que podem ser aplicadas em pessoas de todos os níveis de habilidades atléticas.

Por fim, *Desenvolvendo o core* inclui recomendações normativas específicas para 11 esportes. Descrevem-se diferentes fases de treinamento e objetivos para abordar o treinamento muscular do *core* de maneira eficaz. Os capítulos sobre esportes incluem tabelas bem organizadas, com variações e fotos dos exercícios recomendados, para facilitar a compreensão e a aplicação. Em resumo, este livro representa a maior compilação até agora de conhecimento aplicado com base no consenso científico para treinar, de forma eficaz, os músculos do *core* e melhorar o desempenho esportivo.

PARTE I

Fundamentos do desenvolvimento do *core*

CAPÍTULO 1

Anatomia e biomecânica do *core*

Jeffrey M. Willardson

Para prescrever corretamente exercícios que tratem da musculatura do *core*, é necessário definir a anatomia do *core* e, também, reconhecer o papel dele na criação de movimentos eficientes e potentes. O *core* pode ser definido como a região do tronco que inclui partes do sistema esquelético (por exemplo, caixa torácica, coluna vertebral, cintura pélvica, cintura escapular), tecidos passivos associados (cartilagem, ligamentos) e os músculos que provocam, controlam ou impedem o movimento nessa região do corpo (*vide* Figura 1.1) (Behm et al., 2010a, 2010b). O sistema nervoso controla a ativação (e o relaxamento) desses músculos. Devem ser prescritos exercícios que exijam o uso desses músculos de maneira semelhante às condições exigidas durante a execução de habilidades esportivas.

Nesse sentido, o termo *core* é frequentemente utilizado por profissionais de condicionamento físico em associação com o termo *treinamento funcional* (Boyle, 2004; Santana, 2001). O termo *treinamento funcional* é usado para se referir aos exercícios que são considerados mais específicos para o desempenho de uma tarefa ou que apresentem maior possibilidade de transferência para o desempenho de habilidades esportivas (Boyle, 2004; Santana, 2001). Embora a funcionalidade de um exercício seja, muitas vezes, baseada em um julgamento subjetivo, os exercícios são considerados mais funcionais ou com maior possibilidade de transferência quando os músculos do *core* estão envolvidos em conjunto com as ações das extremidades superiores ou inferiores.

Na publicidade, o termo *exercício do core* é usado frequentemente para promover um método de exercício ou um aparelho projetado para trabalhar os músculos abdominais. Nessas propagandas, o foco principal é, geralmente, os potenciais benefícios estéticos, em vez dos funcionais ou de desempenho esportivo. É necessário estabelecer uma objetividade científica mais apurada em relação aos métodos utilizados para desenvolver eficazmente os músculos do *core*, com menor foco em exercícios que tendem a se concentrar em benefícios estéticos (por exemplo, abdominais com máquinas), que podem ter menor possibilidade de transferência para o desempenho desportivo dinâmico. Exercícios de integração total do corpo (descritos em capítulos posteriores) que envolvem os músculos do *core* podem facilitar uma maior transferência para o desempenho esportivo. Esses tipos de exercício requerem ações *dinâmicas* (em que os músculos se contraem ou se alongam para iniciar ou para controlar o movimento) ou ações *isométricas* (em que os músculos estão ativos, mas nenhum movimento ocorre) dos músculos do *core* em combinação com ações dinâmicas ou isométricas de outros músculos dos membros superiores e inferiores (Kibler, Press e Sciascia, 2006; McGill, 2006; McGill, 2007). Além disso, geralmente, esses tipos de exercício são feitos em postura ereta e apresentam características cinemáticas (por exemplo, intervalo, tempo e tipo de movimento da articulação) e cinéticas (por exemplo, a quantidade de força produzida) semelhantes às habilidades esportivas.

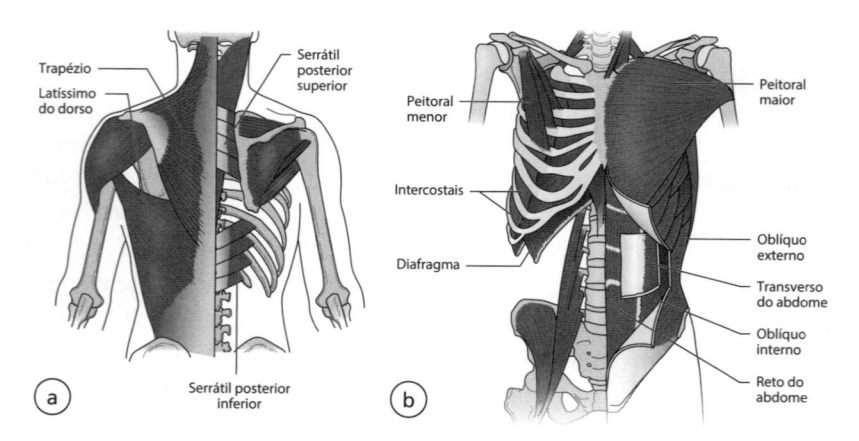

Figura 1.1 Anatomia do *core*: (a) vista posterior e (b) vista anterior.

No entanto, exercícios de integração total do corpo que ativam os músculos do *core* são apenas um componente dos programas de força e condicionamento, e a prescrição de tais exercícios deve ser baseada em necessidades individuais. O primeiro objetivo deste capítulo é definir e descrever todos os componentes anatômicos do *core* e promover uma compreensão fundamental de como prescrever efetivamente exercícios para essa região. O segundo objetivo deste capítulo é debater a importância da biomecânica para a estabilidade da coluna vertebral e a melhora do desempenho esportivo.

DEFINIÇÃO DA ANATOMIA DO *CORE*

Não há uma definição precisa da anatomia do *core* em publicações científicas; há diferentes definições baseadas em perspectivas e campos de estudo de vários autores (Willson et al., 2005). Além disso, o termo *exercício do core* tem definições diferentes em ambientes de desenvolvimento físico, distinguindo, por exemplo, entre (1) exercícios que formam a base de um programa de exercícios resistidos, como levantamento terra, agachamento e desenvolvimento do ombro; e (2) exercícios específicos para atingir os músculos do *core* com a intenção de reforçar a estabilidade da coluna, a transferência de *torque* (ou seja, da força muscular que causa o movimento da articulação) e a *velocidade angular* (ou seja, a velocidade de movimento da articulação) dos membros inferiores para os superiores.

Com relação à segunda definição, é preciso considerar a importância dos membros inferiores e dos músculos do *core* para um desempenho eficaz de arremesso no beisebol. A capacidade de arremessar uma bola com alta velocidade não depende apenas dos músculos do braço do arremessador. Pelo contrário, a velocidade angular e o torque formam-se gradualmente dos membros inferiores para cima, passando pelo *core* e, finalmente, pelo braço que arremessa, conforme a bola é lançada. O sincronismo do movimento das articulações é fundamental na efetiva transferência de torque e na velocidade angular dos membros inferiores para os membros superiores. Portanto, o *core* é semelhante a uma ponte entre os membros inferiores e os membros superiores; os músculos do *core* devem ser condicionados da forma correta para criar estabilidade vertebral suficiente e, ao mesmo tempo, permitir a transferência dinâmica eficaz de torque e de velocidade angular.

Um ponto-chave é que as duas definições citadas têm qualidades em comum, da mesma forma que há exercícios com características aplicáveis a cada definição. Especificamente, os exercícios levantamento terra, agachamento e desenvolvimento do ombro requerem ações isométricas e dinâmicas de certos músculos do *core* (por exemplo, grupo sacroiliolombar, glúteo máximo). Para os propósitos deste capítulo e deste livro, um *exercício do core* é todo exercício que estimula padrões de recrutamento neuromuscular para garantir uma coluna estável, ao mesmo tempo que permite um movimento eficiente e potente (McGill, 2001; McGill et al., 2003). Segundo essa definição, a estabilidade do *core* é mais bem entendida quando se discute a importância e a contribuição dos tecidos passivos e ativos separadamente e, em seguida, quando se debate como o sistema nervoso controla os músculos do centro do corpo para criar a combinação ideal de estabilidade da coluna vertebral e capacidade de movimentação (Panjabi, 1992a, 1992b).

Anatomia do *core* – Tecidos passivos

Nos meios de comunicação, o termo *core* é frequentemente associado a apenas um grupo limitado de músculos, especificamente os músculos abdominais; no entanto, outros componentes passivos, como ossos, cartilagens e ligamentos, também são relevantes. O esqueleto fornece a base estrutural do corpo e funciona como um sistema de alavancas, provocando, controlando ou prevenindo o movimento por meio da produção neurologicamente regulada de *torque muscular* (força muscular que provoca o movimento da articulação). O sistema musculoesquelético é semelhante a uma cadeia cinética (ossos ligados por articulações) composta por ossos rígidos, que estão conectados por meio de *ligamentos* (tecido conjuntivo que mantém os ossos unidos) às articulações. Por sua vez, as articulações funcionam como eixos em torno dos quais torques musculares e gravitacionais opostos atuam. Essencialmente, a força da gravidade atua para baixo em um corpo ou objeto (barra, halteres, *medicine ball*) para criar resistência; os músculos do corpo, contudo, produzem tensão (regulada pelo sistema nervoso) para contrabalancear a força da gravidade, provocando, controlando ou evitando o movimento. O centro do corpo é estabilizado por meio de tensão muscular, o que permite uma base eficaz para ações dinâmicas fortes e potentes dos membros superiores e inferiores, como no arremesso, no chute ou no bloqueio.

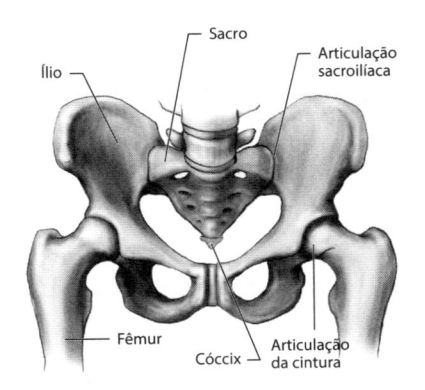

Figura 1.2 A cintura pélvica.

A porção esquelética da anatomia do *core* inclui os ossos que compõem a cintura pélvica, que é formada pelos ossos dos quadris direito e esquerdo e pelo sacro. A cintura pélvica é ligada ao tronco pelas articulações sacroilíacas, e os membros inferiores são conectados a ela pelas articulações dos quadris (*vide* Figura 1.2) (Floyd, 2009). Portanto, o *core* também representa o elo cinético por meio do qual o torque e a velocidade angular são transferidos dos membros inferiores para os superiores.

A coluna vertebral é composta por 33 vértebras; como ilustrado na Figura 1.3, existem: 7 cervicais, 12 torácicas, 5 lombares, 5 sacrais e 4 coccígeas. Assim, existem 24 segmentos vertebrais móveis (C1 até L5), com a maior capacidade de movimentação nas regiões cervical e lombar, em razão de mudanças na orientação das articulações facetárias (Figura 1.4, as articulações entre os processos de articulação superiores e inferiores das vértebras adjacentes) no cervicotorácico (C7-T1) e nas articulações toracolombares (T12-L1) (Boyle, Singer e Milne, 1996; Masharawi et al., 2004; Oxland, Lin e Panjabi, 1992). Possíveis movimentos da coluna vertebral incluem flexão e extensão no plano sagital (movimento dirigido anterior e posteriormente, como em um abdominal), redução da flexão lateral no plano frontal (movimento dirigido lateral e medialmente, como em uma inclinação lateral com halteres) e rotação no plano transversal (rotação do tronco para a direita ou para a esquerda, como em um arremesso de *medicine ball*) (Floyd, 2009).

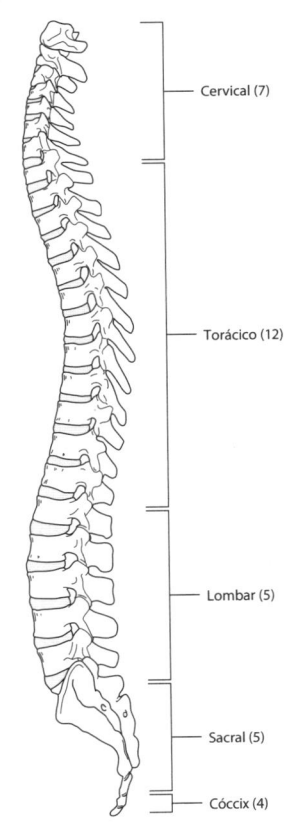

Figura 1.3 A coluna vertebral.

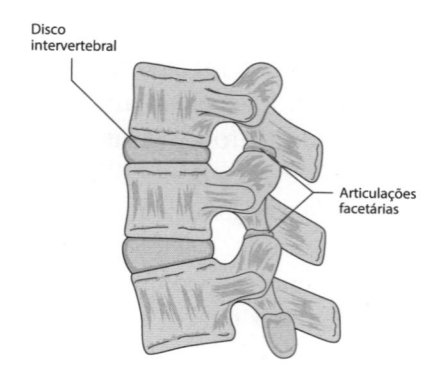

Disco
intervertebral

Articulações
facetárias

Figura 1.4 Articulações facetárias.

O termo movimento do *core* geralmente é acompanhado pelos termos *lombar* ou *tronco* para indicar a região principal do movimento. Por exemplo, fazer um abdominal envolve flexão lombar, e fazer um arremesso de *medicine ball*, muitas vezes, envolve rotação lombar. No entanto, os movimentos do *core* representam a culminação de muitos movimentos em menor escala que ocorrem em múltiplas articulações facetárias entre as vértebras (Floyd, 2009).

Considerando as articulações facetárias entre as vértebras, são possíveis, aproximadamente, 1 a 2 graus de movimento em cada plano (sagital, frontal e transversal) sem resistência passiva dos ligamentos (contração dos ligamentos que restringem o movimento) e dos discos intervertebrais. Essa faixa sem resistência de movimento é chamada de *zona neutra* (McGill, 2007). A capacidade de manter a coluna lombar dentro da zona neutra durante a realização de exercícios resistidos é ideal para evitar a tensão excessiva sobre os tecidos passivos e facilitar a ativação dos músculos do *core*. A ativação da musculatura que envolve a coluna vertebral é a chave para preservar a zona neutra e aumentar a estabilidade da coluna vertebral (Panjabi, 1992a, 1992b).

A preservação da estabilidade da coluna vertebral sob várias cargas (por exemplo, barra acima dos ombros durante um agachamento) e posturas depende de sobremaneira da manutenção da coluna lombar dentro da zona neutra. Com a coluna lombar na posição neutra, os músculos são capazes de proporcionar de forma mais eficaz a maior parte do suporte estabilizador. Em contrapartida, quando a coluna lombar está em uma postura flexionada (fora da zona neutra), os músculos extensores da coluna vertebral são inibidos neurologicamente e não desenvolvem tensão; assim, os tecidos passivos (cartilagem, ligamentos, articulações facetárias) proporcionam a maior parte do apoio de estabilização, o que aumenta o risco de lesão a essas estruturas (McGill, 2007).

Considerados isoladamente, os tecidos passivos têm capacidade limitada para estabilizar a coluna. Por exemplo, um protótipo mecânico da porção lombar da coluna indicou que, sem o suporte muscular, esta flexiona sob uma carga compressiva de aproximadamente 9 quilogramas (Cholewicki, McGill e Norman, 1991). Obviamente, isso não é suficiente para suportar o peso do corpo e, muito menos, as cargas adicionais incorporadas durante o treinamento resistido, as habilidades esportivas e as atividades diárias. Portanto, a ativação dos músculos do *core* é essencial para satisfazer as necessidades de estabilidade da coluna vertebral durante a execução de todas as atividades físicas.

Anatomia do *core* – Músculos

Os músculos fornecem o torque necessário para provocar o movimento (por exemplo, ações musculares concêntricas), para controlar o movimento (por exemplo, ações musculares excêntricas) ou para impedir o movimento (por exemplo, ações musculares isométricas). Além dos músculos abdominais, vários outros músculos são considerados parte do *core* e proporcionam funções de estabilização e de movimento dinâmico. Um ponto-chave é que não há um músculo do *core* que seja mais importante, cumprindo essas funções em todas as posturas estáticas e em todos os movimentos possíveis.

Tem-se colocado foco demasiado no músculo transverso do abdome, considerado o mais importante estabilizador da coluna vertebral. Essa falsa concepção nasceu com base em pesquisas que demonstraram que o transverso abdominal era o primeiro músculo do *core* ativado antes de uma tarefa que envolve levantar o braço (Hodges e Richardson, 1997). Todavia, esse estudo limitou-se a avaliar uma tarefa de movimento relativamente simples. Tarefas de movimento mais complexas enfatizam diferentes padrões de ativação dos músculos do *core*, dependendo da postura, de cargas externas e de padrões respiratórios.

Em razão disso, os praticantes de exercícios físicos devem considerar a importância relativa de qualquer músculo do *core* durante o movimento (Arokoski et al., 2001; Cholewicki e Van Vliet, 2002; McGill, 2001; McGill et al., 2003). Uma grande variedade de posturas e cargas externas age por meio da força da gravidade para criar cargas sobre a coluna vertebral e os ligamentos associados, as articulações facetárias e os discos. Para preservar a estabilidade da coluna vertebral, essas cargas devem ser contrabalanceadas com ações musculares iguais e opostas. Diferentes músculos do *core* têm fibras alinhadas com diferentes orientações, que criam estabilidade vertebral ou rigidez suficiente por meio da ativação simultânea de músculos antagonistas ou opostos de cada lado do tronco, permitindo, também, o movimento da coluna, se necessário. Assim, a melhor maneira para desenvolver os músculos do *core* é por meio de uma variedade de diferentes exercícios que envolvem uma combinação de funções de estabilização (por exemplo, ações musculares isométricas) com funções dinâmicas (por exemplo, ações musculares concêntricas e excêntricas).

A função de cada músculo do *core* varia dependendo da área da seção transversal, do alinhamento das fibras e da estabilização instantânea ou das funções dinâmicas. Por exemplo, alguns músculos do *core* (como longuíssimo do dorso e iliocostal do grupo eretor da espinha; Figura 1.5) abrangem vários segmentos vertebrais e têm grandes braços de momento (ou seja, a distância de uma articulação até o ponto de fixação muscular em um osso), tornando-os ideais para grande produção de torque para extensão do tronco (McGill, 2007). Como o torque muscular é igual ao produto da força muscular e do braço de momento, um grande braço de momento aumenta o potencial de estabilização da coluna vertebral e as funções de produção de movimento de um músculo, porque aumenta a quantidade de torque muscular que pode ser produzida.

Por exemplo, durante a execução do levantamento terra, o longuíssimo do dorso e o iliocostal atuam isometricamente para fixar a cintura pélvica em anteversão (ou seja, inclinação para a frente da cintura pélvica acompanhada de extensão da coluna lombar), o que permite que o glúteo máximo e os músculos isquiotibiais provoquem e controlem dinamicamente as ações de extensão e flexão alternadas dos quadris, respectivamente. A imagem visual correta desse exercício seria uma pessoa criando uma "dobradiça" na altura dos quadris.

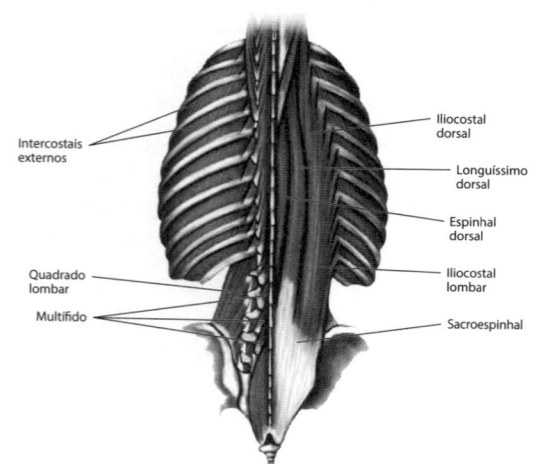

Intercostais externos

Quadrado lombar

Multífido

Iliocostal dorsal

Longuíssimo dorsal

Espinhal dorsal

Iliocostal lombar

Sacroespinhal

Figura 1.5 Músculos do grupo eretor da espinha.

Em contrapartida, outros músculos do *core* (por exemplo, rotadores, intertransversal, interespinhal) têm muitos proprioceptores (por exemplo, fusos musculares), o que os faz ideais para detectar a rotação de articulações facetárias intervertebrais específicas (Amonoo-Kuofi, 1983; McGill, 2007; Nitz e Peck, 1986). O papel desses músculos como *transdutores de posição* permite a ativação de músculos maiores localizados na superfície, visando atender às demandas de estabilização da coluna. Além disso, outros músculos do núcleo são ideais para a transferência de torque e velocidade angular do tronco, tanto para os membros inferiores como para os superiores. Portanto, os músculos do *core* podem ser divididos em três classificações gerais: (1) estabilizadores globais; (2) estabilizadores locais; e (3) músculos de transferência tronco-membros superiores e inferiores (*vide* o Quadro 1.1).

Vários *músculos do core* não estão listados no Quadro 1.1. A intenção deste capítulo é proporcionar uma visão geral de alguns dos músculos-chave envolvidos na manutenção da estabilidade na coluna vertebral (estabilizadores globais e locais do *core*) e na transferência dinâmica de torque e velocidade angular entre os membros inferiores e superiores (músculos de transferência tronco-membros).

Quadro 1.1 Categorias de músculos do *core* e funções primárias

ESTABILIZADORES GLOBAIS DO *CORE*	
Músculo	**Funções dinâmicas primárias**
Grupo eretor da espinha	Extensão da coluna
Quadrado lombar	Flexão lateral da coluna
Reto abdominal	Flexão da coluna Inclinação pélvica posterior
Oblíquo externo do abdome	Flexão lateral da coluna Rotação da coluna
Oblíquo interno do abdome	Flexão lateral da coluna Rotação da coluna
Transverso do abdome	Puxa a parede abdominal para dentro para aumentar a pressão intra-abdominal

Continua

Continuação

ESTABILIZADORES LOCAIS DO *CORE*	
Músculo	**Funções dinâmicas primárias**
Multífido	Extensão da coluna
Rotadores	Rotação da coluna
Intertransversais	Flexão lateral da coluna
Interespinhal	Extensão da coluna
Diafragma	Contrai para baixo aumentando a pressão intra--abdominal
Grupo do assoalho pélvico	Contrai para cima aumentando a pressão intra--abdominal
MÚSCULOS DE TRANSFERÊNCIA TRONCO-MEMBRO DOS MEMBROS SUPERIORES	
Músculo	**Funções dinâmicas primárias**
Peitoral maior	Flexão do ombro Adução horizontal do ombro Adução vertical do ombro
Latíssimo do dorso	Extensão do ombro articulação do ombro Adução horizontal do ombro Adução vertical do ombro
Peitoral menor	Depressão escapular
Serrátil anterior	Protração escapular
Romboide	Retração escapular
Trapézio	Elevação escapular (fibras superiores) Retração escapular (fibras médias) Depressão escapular (fibras inferiores)
MÚSCULOS DE TRANSFERÊNCIA TRONCO-MEMBRO DOS MEMBROS INFERIORES	
Músculo	**Funções dinâmicas primárias**
Grupo iliopsoas	Flexão do quadril Inclinação pélvica anterior
Glúteo máximo	Extensão do quadril Inclinação pélvica posterior
Grupo isquiotibiais	Extensão do quadril Inclinação pélvica posterior
Glúteo médio	Abdução do quadril Inclinação pélvica lateral

Do ponto de vista prático, os estabilizadores locais do *core* não podem ser treinados de forma independente dos estabilizadores globais do *core*. O estudo de Cholewicki e Van Vliet (2002) mediu a contribuição relativa de vários músculos do *core* para a estabilidade da coluna lombar durante a execução de tarefas isométricas sentado (ou seja, flexão do tronco, extensão do tronco, flexão lateral do tronco, rotação do tronco) ou em pé (carga vertical do tronco, tronco flexionado em 45 graus enquanto se segura um peso). A atividade muscular foi medida nos músculos: reto do abdome, oblíquo externo e interno do abdome, latíssimo do dorso, eretor da espinha, multífido, psoas e quadrado lombar. A principal descoberta apontou que vários músculos diferentes contribuem para a estabilidade da coluna lombar, dependendo da direção e da magnitude da carga. Além disso, nenhum grupo muscular único contribuiu com mais de 30% para a estabilidade da coluna lombar, independentemente da tarefa. Entretanto, a diminuição da contribuição do sacroiliolombar (estabilizador global do *core*) resultou em redução mais acentuada na estabilidade da coluna lombar durante cada tarefa.

O estudo de Arokoski et al. (2001) comparou a atividade muscular do reto do abdome, do oblíquo externo do abdome, do longuíssimo do tórax e do multífido durante 16 tarefas executadas em posturas em pronação, supinação, sentado e em pé. A principal conclusão foi que o multífido (estabilizador local do *core*) e o longuíssimo do dorso do grupo eretor da espinha (estabilizador global do *core*) demonstraram padrões de atividade semelhantes e função simultânea; portanto, tanto os músculos locais como os globais são essenciais na criação de estabilidade vertebral suficiente para tarefas de movimento complexos. Assim, a ideia de que os músculos *locais do core* são mais importantes para a estabilidade da coluna está incorreta.

Com relação às diferentes técnicas de estabilização da coluna vertebral, o afundamento abdominal tem sido muitas vezes praticado em programas de reabilitação (Richardson e Jull, 1995). O afundamento abdominal acentua a ativação do transverso abdominal para puxar a parede abdominal posteriormente (ou seja, para dentro) na direção da coluna vertebral. Essa manobra também é praticada muitas vezes em uma posição relativamente não funcional (por exemplo, sobre as mãos e os joelhos).

Uma segunda técnica de estabilização (contração abdominal) é superior ao afundamento abdominal em razão da cocontração dos músculos abdominais. A contração abdominal envolve um foco consciente em manter a tensão nos músculos abdominais, ou "endurecimento" dos músculos abdominais. O estudo de Grenier e McGill (2007) demonstrou que o afundamento abdominal teve como resultado uma estabilidade 32% menor do que a contração abdominal; isso foi causado por reduções na alavanca de movimento (ou seja, a distância de uma articulação para o ponto de fixação do músculo em um osso) para os oblíquos internos e externos e o reto do abdome conforme a parede abdominal era puxada posteriormente. Como o torque muscular é igual ao produto da força muscular e do braço de momento, uma redução no braço de momento diminui o potencial de estabilização, o que reduz o montante de torque muscular que pode ser produzido. No treinamento de atletas em técnicas de levantamento adequadas, os treinadores devem enfatizar a contração abdominal para a ativação dos músculos abdominais.

A técnica de contração abdominal também cria pressão intra-abdominal, o que contribui ainda mais para a estabilidade da coluna vertebral, aumentando a força de compressão (ou seja, a força que empurra as vértebras em conjunto) entre as vértebras adjacentes (Cholewicki, Juluru, e McGill, 1999; Cholewicki et al., 1999; Cresswell e Thorstensson, 1994). A cavidade abdominal é rodeada pelos músculos do *core*; um *"aro" abdominal* constitui as paredes, o diafragma forma o teto, e o grupo de músculos do assoalho pélvico forma o piso. Especificamente, o "aro" abdominal é formado por meio de conexões fasciais entre o reto anterior do abdome, os três músculos abdominais laterais (oblíquo externo, oblíquo interno e transverso do abdome) e a fáscia dorsolombar posterior (*vide* a Figura 1.6).

A fáscia dorsolombar é uma cinta lombar natural que age como um cinto de levantamento externo, pois fornece estabilização da coluna vertebral. Também contribui para a transferência de torque e de velocidade angular durante o desempenho de habilidades esportivas (McGill, 2007). Por exemplo, o latíssimo do dorso tem origem nas

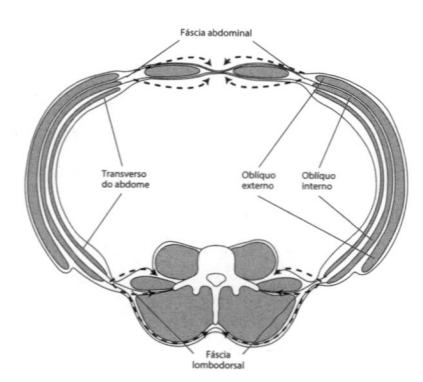

Figura 1.6 O aro abdominal.

vértebras lombares e na cintura pélvica por meio da fáscia dorsolombar e por inserções no úmero (osso superior do braço). Durante a preparação do arremesso no beisebol, o latíssimo do dorso transfere torque e velocidade angular do tronco para os membros superiores. A sequência de ativação muscular do tronco que permite o "direcionamento" do torque e da velocidade angular entre as partes do corpo (por exemplo, dos membros inferiores do tronco para os membros superiores) é regulada pelo sistema nervoso.

Anatomia do *core* – Integração neural

O sistema nervoso determina a combinação específica e a intensidade de ativação muscular do *core* para estabilizar a coluna vertebral e também permite a transferência de torque dinâmico e a velocidade angular entre os segmentos esqueléticos. O sistema nervoso controla um direcionamento perfeitamente integrado de torque muscular por meio das ligações do esqueleto (ou seja, cadeia cinética), permitindo padrões de movimento eficientes e potentes.

O desempenho ideal de habilidades esportivas não é dependente apenas da produção de torque muscular absoluta (ou seja, da força). Se esse fosse o caso, então, os homens e as mulheres mais fortes do mundo seriam os atletas ideais para esportes como beisebol e basquete. No entanto, os homens e mulheres mais fortes do mundo não necessariamente conseguem, por exemplo, arremessar uma bola rápida a 160 quilômetros por hora. A produção de torque muscular absoluta não é útil sem o direcionamento neurologicamente orientado do torque, que permite o armazenamento e a recuperação da elasticidade muscular ideal. Os músculos apresentam propriedade elástica, que permite o armazenamento e a recuperação de energia; a força contrátil deles é reforçada pelo recolhimento elástico (pense em uma pulseira de borracha) dos músculos no desempenho de habilidades esportivas. Entretanto, a capacidade de aproveitar esse recolhimento elástico é dependente da eficiência do movimento. Em outras palavras, a técnica é mais importante do que a força absoluta para o bom desempenho esportivo.

É por isso que métodos de treinamento muscular isolados não resultam necessariamente em um melhor desempenho esportivo. O treinamento resistido para esportes dinâmicos deve envolver movimentos no solo que incorporem as funções coordenadas estabilizadoras e dinâmicas de vários músculos. Com essa abordagem, há uma maior probabilidade de promover a transferência bem-sucedida dos movimentos realizados na sala de musculação para o desempenho esportivo. O sistema nervoso central (ou seja, o cérebro e a medula espinhal) recebe um fluxo constante de resposta sensorial dos proprioceptores (por exemplo, fusos musculares, órgãos tendinosos de Golgi, terminações nervosas livres) sobre comprimento muscular, tensão muscular, posição da articulação e taxa de rotação da articulação (Holm, Indahl e Solomonow, 2002). Um ponto-chave é que o sistema nervoso deve atender simultaneamente aos requisitos de estabilidade da coluna vertebral e aos requisitos da respiração. A ação rítmica da respiração pode comprometer a estabilidade da coluna vertebral pelo relaxamento transitório dos músculos do *core*; é por isso que, durante a execução de um levantamento máximo, a respiração pode transitoriamente cessar com a manobra de Valsalva, na qual levantadores tentam expirar com a via aérea fechada. Para pessoas saudáveis, sem limitações cardiovasculares, como pressão arterial elevada, essa manobra pode ser vantajosa, pelo aumento da pressão intra-abdominal, aumentando, assim, as forças de compressão entre as vértebras adjacentes para preservar a estabilidade da coluna vertebral.

Todavia, na maioria dos treinos, a produção contínua de torque submáximo exige a mistura complementar de respiração e de ativação muscular do *core* para atender aos requisitos de estabilidade da coluna vertebral. Tradicionalmente, as instruções para a respiração eram inspirar durante a fase de abaixamento e expirar durante a fase de levantamento. No entanto, a respiração durante o esforço raramente envolve esse padrão perfeitamente coordenado. Por isso, os treinadores devem instruir os atletas para respirar livremente enquanto se concentram na manutenção da tensão constante (contração abdominal) nos músculos do *core*. Conforme a prescrição de exercícios resistidos progride dos padrões de movimento simples para os complexos, o sistema nervoso adapta-se para atender, de forma eficaz, aos requisitos de estabilidade da coluna vertebral e de respiração.

A combinação e a intensidade específicas de ativação da musculatura do *core* durante a execução de uma determinada tarefa dependem dos mecanismos de alimentação direta e de resposta (Nouillot, Bouisset e Do, 1992). Os mecanismos de alimentação direta envolvem a ativação preventiva da musculatura do *core*, com base na memória muscular do desempenho anterior (Nouillot, Bouisset e Do, 1992). Os mecanismos de resposta desempenham seu papel na medida em que as habilidades esportivas são repetidamente praticadas e refinadas; o sistema nervoso armazena a resposta sensorial em relação à combinação e à intensidade adequada de ativação muscular do *core* necessária para criar estabilidade vertebral suficiente e, ao mesmo tempo, permitir o movimento eficiente.

Por exemplo, antes que um *interbases* no beisebol reaja para pegar uma bola rasteira, a ativação antecipatória rápida dos músculos do *core* ocorre (ou seja, o mecanismo de alimentação direta) para estabilizar a coluna e, também, permitir ações enérgicas e dinâmicas da musculatura dos quadris, movendo o corpo lateralmente para pegar a bola. O treinamento durante a preparação para um jogo promove o armazenamento e o refinamento da resposta sensorial (ou seja, do mecanismo de resposta), que, mais tarde, permite a antecipação da ativação muscular do *core* para o desempenho eficaz no campo de jogo.

Discos intervertebrais, ligamentos e cápsulas da articulação facetária são bem equipados com proprioceptores, como terminações nervosas livres que transmitem informação ao sistema nervoso central, sobre a posição e o movimento da coluna vertebral. Essa resposta sensorial é crucial para estimular padrões de recrutamento neural específicos dos músculos do *core* para atender às demandas da tarefa. Durante a realização de uma determinada tarefa, a musculatura do *core* deve ser suficientemente ativada para estabilizar a coluna, mas não a ponto de restringir o movimento. Portanto, existe uma troca entre rigidez e mobilidade; o sistema nervoso regula a ativação da musculatura do *core* para permitir ativação suficiente, sem comprometer a capacidade de movimento (McGill, 2006). Por meio do treinamento de movimentação correto (abordado em capítulos posteriores), os atletas podem melhorar a regulação da ativação muscular do *core* para melhorar o desempenho.

BIOMECÂNICA DO *CORE* NO DESEMPENHO ESPORTIVO

De um ponto de vista mecânico, o *core* pode ser considerado o elo cinético entre os membros superiores e inferiores. O sistema esquelético pode ser comparado a uma cadeia cinética, com segmentos ou elos que estão conectados nas articulações. Os músculos do corpo estão ligados ao esqueleto por meio de tendões; os músculos produzem força, que é transferida para o esqueleto, para criar o torque (isto é, a força muscular que provoca o movimento da articulação).

Assim, o sistema musculoesquelético funciona como uma série de alavancas que geram o torque necessário para provocar, controlar ou impedir o movimento. A quantidade de torque muscular gerado depende da quantidade de força muscular gerada e do comprimento do braço de momento em relação ao eixo da articulação. Como resultado, a criação de estabilidade vertebral suficiente por meio de torque muscular é dependente não só do potencial da força muscular, mas, também, da prática de técnicas de estabilização como contração abdominal, que se aproveitam da alavancagem proporcionada pelo braço de momento.

Para esportes no solo, a produção de torque começa na musculatura dos membros inferiores e, posteriormente, aumenta com a ativação sequencial do *core* e da musculatura do membro superior. O tempo de ativação do músculo é fundamental para preservar a estabilidade da coluna vertebral e, também, para maximizar a velocidade angular dos segmentos esqueléticos envolvidos. Para esportes que exigem padrões de movimento de arremesso gerais, conseguir máxima velocidade angular (ou seja, velocidade de movimento da articulação) do antebraço, por meio do somatório de torque da parte inferior do corpo através do tronco para o braço dominante, confere alta velocidade para a bola quando lançada (por exemplo, arremesso ou lançamento de beisebol ou softbol) ou golpeada (cortada de vôlei) (McGill, 2006).

Esse raciocínio é válido para outras habilidades esportivas que envolvem golpes ou rebatidas com implementos, como uma raquete de tênis ou um taco de beisebol. Essas habilidades não são executadas de forma tão eficaz sem a contribuição do torque dos membros inferiores e dos músculos do *core*. Portanto, a seleção de exercícios é fundamental em programas de força e desenvolvimento que preconizam que o desempenho eficaz da habilidade esportiva é conseguido por meio da ativação coordenada e do relaxamento de vários grupos musculares em uma sequência neural precisa.

Um ponto fundamental é que o movimento em um segmento esquelético do *core* pode transferir o torque e a velocidade angular de outros segmentos esqueléticos, localizados abaixo ou acima. Por exemplo, a cintura pélvica está ligada à coluna vertebral nas articulações sacroilíacas. Quando os pés estão apoiados no chão, inclinar a pelve para a frente ou para trás resulta em hiperextensão ou flexão da coluna lombar, respectivamente (Floyd, 2009). Isso exemplifica o conceito de cadeia cinética e ilustra que fraqueza nos músculos que agem sobre um segmento esquelético pode colocar tensão excessiva sobre os músculos que atuam em segmentos esqueléticos adjacentes. Músculos do *core* fracos ou desequilibrados podem resultar em estratégias de compensação de movimento, ocasionando ferimentos.

O posicionamento e a estabilização correta do *core* permitem um movimento eficiente e potente dos membros superiores e inferiores. Movimentos devem ser prescritos para treinar os músculos do *core* com ações conjuntas coordenadas dos membros superiores e inferiores. Por exemplo, em vez de usar só o supino com barra, os treinadores podem ocasionalmente integrar um supino com cabo único realizado em posição de ataque. Quando esse exercício é feito com o braço direito (perna esquerda para a frente), os oblíquos internos do lado esquerdo (lado oposto), o latíssimo do dorso do lado esquerdo (do mesmo lado) e os oblíquos externos do lado direito agem de forma isométrica para manter a postura correta, enquanto o peitoral maior atua de forma dinâmica para mover o peso (Santana, Vera-Garcia e McGill, 2007).

Durante os contatos curtos e sequenciais do pé que ocorrem durante a corrida, a musculatura do *core* age para manter o equilíbrio da pelve (Kibler, Press e Sciascia, 2006; Willson et al., 2005). Por exemplo, quando o corpo está apoiado na perna direita, os abdutores do quadril direito (por exemplo, glúteo médio do lado direito) e os flexores laterais do lado esquerdo do tronco (por exemplo, abdominais oblíquos externos do lado esquerdo) atuam de forma isométrica para manter o nível da pelve, o que permite uma função dinâmica forte dos flexores (por exemplo, reto femoral) e extensores do quadril (por exemplo, glúteo máximo). Por isso, os treinadores devem pensar em prescrever algumas vezes exercícios que obriguem a equilibrar o peso do corpo em uma única perna, desafiando os atletas a manter o equilíbrio de todo o corpo e a pelve nivelada.

Para esportes como beisebol, softbol, críquete e vôlei, que requerem ações gerais de arremesso, a musculatura do *core* posiciona corretamente a cintura escapular. Durante a fase de acompanhamento no beisebol, os retratores da escápula atuam excentricamente em uma ação de frenagem, de modo a parar o impulso para a frente do braço de arremesso e a impedir o choque dos tendões do manguito rotador contra a superfície inferior do processo acrômio da escápula. Quando forem ensinar exercícios para os membros superiores, os treinadores devem focalizar o posicionamento escapular antes das ações conjuntas dos membros superiores.

Alguns exemplos de posicionamento escapular adequado durante exercícios resistidos serão mencionados aqui. Para o exercício de barra, os atletas devem ser instruídos a deprimir as escápulas antes de aduzir as articulações do ombro e flexionar as articulações do cotovelo para levantar o corpo. Para a remada unilateral com halteres, os atletas devem ser instruídos a retrair completamente a escápula (no lado do levantamento) antes de estender o ombro e flexionar o cotovelo para levantar o peso. Quando forem ensinar o exercício de flexão, os treinadores devem instruir os atletas para abduzir totalmente as escápulas conforme os cotovelos atingem extensão plena, na parte superior do movimento. Por fim, quando forem ensinar levantamentos olímpicos e suas variações (por exemplo, elevação, puxada, desenvolvimento), os técnicos devem instruir os atletas a elevar a cintura escapular antes de aduzir as articulações do ombro e a flexionar as articulações do cotovelo para jogar o peso para cima. Em todos esses exemplos, o posicionamento correto das escápulas estabelece uma base sólida de suporte na qual a musculatura dos membros superiores pode produzir maior torque.

Os conceitos de torque (ou seja, a força muscular que provoca movimento da articulação) e de velocidade angular (ou seja, a velocidade de movimento da articulação) são relevantes para a compreensão do desempenho efetivo da habilidade esportiva. As articulações móveis do corpo giram para produzir o movimento angular dos segmentos esqueléticos. Quando os atletas executam habilidades esportivas, a velocidade angular que é produzida ao longo de múltiplas articulações é transferida para objetos que são jogados, chutados ou golpeados (McGill, 2006).

Por exemplo, para lançar uma bola de beisebol com velocidade máxima, um torque líquido elevado (ou seja, força muscular que provoca movimento da articulação) deve ser produzido por várias articulações. Existe uma relação direta entre o torque líquido e a mudança na velocidade angular (ou seja, a velocidade do movimento articular); um torque líquido aplicado ao longo de um dado tempo pode agir tanto para aumentar como para diminuir a velocidade angular dos segmentos esqueléticos que giram em torno dos eixos da articulação (McGill, 2001). Desenvolver os músculos do *core* por meio de ações musculares concêntricas é importante para aumentar a velocidade angular durante a fase de aceleração (ou seja, aumento da velocidade durante um intervalo de tempo) de habilidades esportivas. Em contrapartida, o desenvolvimento dos músculos do *core* por meio de ações musculares excêntricas ou isométricas é igualmente importante para diminuir ou controlar a velocidade angular durante a fase de acompanhamento ou de desaceleração (ou seja, diminuição da velocidade ao longo do tempo) de habilidades esportivas (Floyd, 2009).

Em resumo, a prescrição de exercícios para os músculos do *core* deve integrar as ações dos membros superiores e inferiores para simular a transferência de torque e a velocidade angular, que ocorrem entre os segmentos esqueléticos durante o desempenho de habilidades esportivas. O princípio da especificidade estabelece que as adaptações fisiológicas são determinadas pelo método no qual os exercícios são realizados em termos de características cinéticas (por exemplo, força, potência) e cinemáticas (por exemplo, posicionamento dos segmentos esqueléticos). Em outras palavras, os atletas "conseguem aquilo que treinam". Os capítulos a seguir abordarão a prescrição e a programação específica de exercícios para os músculos do *core*.

CAPÍTULO 2

Avaliação do *core*

Thomas W. Nesser

Força do *core* e estabilidade do *core* são termos muitas vezes usados como sinônimos, mas não são a mesma coisa. *Estabilidade do core* foi definida por Panjabi (1992) como "a capacidade do sistema de estabilização para manter as zonas neutras intervertebrais dentro dos limites fisiológicos". Em um ambiente esportivo, Kibler, Press e Sciascia (2006) definiram estabilidade do *core* como "a capacidade de controlar a posição e o movimento do tronco sobre a pelve para permitir produção, transferência e controle ideais da força e do movimento, para o segmento terminal em atividades esportivas integradas". *Força muscular* é comumente definida como a força máxima de um músculo ou grupo de músculos; nesse contexto, *força do core* é definida como o controle muscular da coluna para manter a estabilidade funcional (Akuthota e Nadler, 2004).

Não importa se o problema é a força ou a estabilidade do *core*, a questão é como medi-las. O problema inicial com a avaliação do *core* é a definição do próprio termo. O *core* engloba mais que um músculo e mais que uma função. A definição de *core* pode incluir ou não os quadris, a parte superior das pernas e a cintura escapular (consulte o Capítulo 1 para mais detalhes). Os músculos do *core* podem incluir o reto do abdome, os oblíquos internos e externos, o transverso abdominal e os eretores da espinha, mas não se limitam a eles (Kibler, Press e Sciascia, 2006; Bliss e Teeple, 2005; Willson et al., 2005). Bergmark (1989) classificou os músculos do *core* em duas categorias: locais ou globais. *Músculos locais* são músculos profundos com uma inserção ou origem na coluna vertebral. Seu papel é manter a estabilidade da coluna. *Músculos globais* controlam as forças externas sobre a coluna vertebral, reduzindo a pressão sobre os músculos locais. Independentemente da definição ou da localização usada para identificar o *core*, ele mantém a estabilidade da coluna em posição neutra durante o movimento dos membros (Willson et al., 2005; Kibler, Press, e Sciascia, 2006; Bliss e Teeple, 2005). Dada a quantidade de pesquisas sobre o *core*, não existe uma definição padronizada (Hibbs et al., 2008) ou formas de avaliação para ele.

A avaliação do *core* pode incluir medidas de flexibilidade do tronco, do equilíbrio funcional e de várias formas de força do tronco, principalmente para determinar uma ligação entre *core* e risco de lesão (Claiborne et al., 2006; Ireland et al., 2003; Nadler et al., 2000), em especial, para a região lombar (McGill, Childs e Liebenson, 1999). Uma vez que o *core* é responsável pela estabilidade da coluna, os testes da musculatura do *core* têm de ser feitos com cuidado, para não causar danos à coluna vertebral.

Basicamente, existem três variáveis que contribuem para a estabilidade do *core*: a pressão intra-abdominal, as forças de compressão da coluna vertebral e a rigidez muscular do quadril e do tronco (Willson et al., 2005). As tarefas de avaliação do *core* identificadas neste capítulo estão relacionadas apenas com rigidez muscular ou com produção de força.

A avaliação muscular do *core* pode ser estática ou dinâmica. O *teste do core*, *estático* ou *isométrico*, requer que as pessoas mantenham uma posição por um período de tempo, sem qualquer movimento do corpo. Essa forma de avaliação é fácil de ser utilizada e pode ser completada por pessoas de todos os níveis de aptidão física, mas é mais adequada para aqueles que são menos ativos fisicamente. A *avaliação dinâmica do core* exige movimento do corpo e é mais adequada para aqueles com um melhor nível de aptidão física e aqueles que praticam esportes. Geralmente, o teste dinâmico envolve o uso de um implemento ou de um equipamento especial. O teste pode ser específico para o esporte ou a atividade, embora seja, muitas vezes, complexo.

FORÇA MUSCULAR ISOMÉTRICA

O teste de força isométrica máxima do *core* pode ser completado com um dinamômetro de mão, como descrito por Magnusson et al. (1995). A força isométrica de flexão do tronco é medida com o participante em decúbito dorsal sobre uma mesa de tratamento. O dinamômetro é fixado com uma correia entre a parte superior do corpo do participante e a mesa de tratamento. O participante, então, flexiona para cima, com esforço máximo, medindo a produção máxima de força dos músculos anteriores do *core*. A extensão do tronco é medida da mesma forma que a flexão do tronco, mas o participante fica em decúbito ventral sobre uma mesa de tratamento e estende-se, com o máximo de esforço, medindo a produção máxima de força dos músculos posteriores do *core*. O teste isométrico de força do *core* é fácil de completar, e dinamômetros portáteis são relativamente baratos. O problema do teste isométrico é que ele pode avaliar apenas um ângulo da articulação de cada vez e deve ser replicado exatamente para obter boa confiabilidade.

RESISTÊNCIA MUSCULAR ISOMÉTRICA

Testes de resistência muscular isométrica são outra forma de testar o *core*. McGill, Childs e Liebenson (1999) projetaram uma avaliação do *core* amplamente utilizada que requer manter uma das quatro posições posturais pelo maior tempo possível. A posição um é o teste Biering-Sorensen modificado, ou hiperextensão. Em decúbito ventral, o sujeito estende a parte superior do corpo para além da borda de uma mesa ou bancada e permanece paralelo ao chão pelo maior tempo possível, enquanto os pés se mantêm fixos (Figura 2.1*a*). Essa posição testa os músculos da região lombar, especificamente os eretores da espinha. A segunda posição testa os flexores do quadril e a região abdominal. Aqui, o corpo está em posição supina. Os joelhos são flexionados com os pés apoiados no chão, e a parte superior do corpo fica sobre uma cunha a 60 graus de flexão dos quadris. Quando o sujeito está pronto, a cunha é removida e o sujeito mantém a posição durante o maior tempo possível, com os braços sobre o peito. O terceiro e o quarto testes são pranchas laterais. Eles são basicamente idênticos; um avalia o lado direito do corpo, e o outro avalia o lado esquerdo do corpo. O sujeito deita-se sobre o lado direito ou esquerdo, apoiando o corpo sobre o cotovelo do respectivo lado; o quadril é elevado; e o pé fica no chão, do calcanhar ao dedo do pé, com o pé de cima na frente do pé de baixo (Figura 2.1*b*). Essa posição é mantida durante o maior tempo possível. Assim que a posição é desfeita em qualquer um desses testes, o tempo é interrompido e registrado.

Figura 2.1 A avaliação isométrica do *core* de McGill, Childs e Liebenson inclui um (a) hiperextensão, (b) duas pranchas laterais e (não mostrado) um teste de flexão supina.

Um segundo teste de resistência muscular é a prancha ventral, que mede tanto a região posterior como a anterior do *core* (Bliss e Teeple, 2005). Em decúbito ventral, apoiando-se sobre os cotovelos e os dedos do pé, o participante mantém uma posição neutra do quadril e fica nessa posição pelo maior tempo possível (Figura 2.2). Pode ocorrer fadiga do cotovelo e do ombro antes que o *core* falhe, o que dificulta avaliar as verdadeiras capacidades do *core*. Similar ao teste de força isométrica, esses testes avaliam apenas o músculo em uma posição da articulação. Uma vez que a estabilidade do *core* também pode ser dinâmica, o teste isométrico de força ou de resistência pode não avaliar de forma real a estabilidade funcional da musculatura do *core*.

Figura 2.2 Teste de ponte ventral isométrico de Bliss e Teeple.

FORÇA MUSCULAR ISOCINÉTICA

O teste isocinético foi completado para medir a produção de força a uma velocidade constante ao longo de toda a amplitude de movimento (Willson et al., 2005). Um dinamômetro isocinético, que normalmente é encontrado apenas em laboratórios ou clínicas, é necessário para esse tipo de teste. O teste é muito seguro; no entanto, o custo é bastante elevado. A configuração para esse tipo de teste é muito parecida com a de uma máquina de treinamento resistido. O participante fica posicionado sobre um banco, e limita-se o movimento das partes do corpo dele que não estão sendo avaliadas. Um braço da alavanca é fixado à parte do corpo a ser avaliada e programado para se movimentar a uma velocidade determinada, independentemente da quantidade de força aplicada. As velocidades normais incluem 60, 120 e 180 graus por segundo.

Abt et al. (2007) testaram a força de rotação do *core* com um sistema de teste e reabilitação multiarticular, o Biodex System 3, a 120 graus por segundo, para determinar se a fadiga muscular do *core* teve um impacto sobre o desempenho da pedalada em ciclistas treinados. O estudo não identificou mudanças na produção de força na pedalada com um *core* cansado, mas notou uma mudança na mecânica do ciclismo que pode ter implicações em longo prazo. Cosio-Lima et al. (2003) concluíram testes de força isocinética no *core* anterior e posterior, para determinar a eficácia de um programa de treinamento de cinco semanas que consistia em abdominais e em hiperextensões em uma bola suíça. Aqueles que completaram o treinamento melhoraram o equilíbrio com uma única perna, mas não melhoraram a flexão iso-cinética do tronco ou sua força de extensão. Nessa situação, os participantes provavelmente não observam melhora na sua produção de força isocinética máxima por causa do descompasso entre o treinamento e os protocolos dos testes. Os sujeitos fizeram exercícios em uma bola suíça e tiveram a produção de força isocinética máxima testada. A importância do treinamento e dos tes-tes de especificidade é necessária para proporcionar resultados significativos.

FORÇA MUSCULAR ISOINERCIAL

O teste de força isoinercial mede a produção de força muscular em uma re-sistência constante. O treinamento com peso livre é considerado isoinercial, porque a quantidade de peso utilizada não muda ao longo da amplitude de movimento do exercício. Contudo, os pesos livres não são utilizados em dois testes isoinerciais comuns. O primeiro é um teste de abdominais. Os partici-pantes devem completar um número máximo de abdominais, em um ritmo constante, de 45 por minuto (Willson et al., 2005). Da mesma forma, um teste de resistência dinâmica (Moreland et al., 1997) exige que os participan-tes completem um número máximo de hiperextensões ao mesmo tempo que ficam deitados de bruços em uma plataforma de espuma a 30 graus. Ambos os testes são simples de utilizar, mas ambos avaliam a resistência muscular do *core* em vez da força muscular do *core*.

Um teste rotacional isoinercial do *core*, semelhante ao realizado por Abt et al. (2007), foi desenvolvido por Andre et al. (2012). Esse teste usa um sistema de polias e pesos em vez de um dinamômetro isocinético. O teste é realizado com os participantes sentados em uma caixa de 50 centímetros à frente de um equipamento de treinamento com polia. Para começar, os participantes estendem os braços na direção do treinador e giram 180 graus com força, até que seus braços estejam apontando para longe do treinador (Figura 2.3). A resistência é ajustada em 9%, 12% e 15% do peso do corpo. Uma série de três repetições é completada em cada peso. Os watts são medidos com a utilização de um dinamômetro ligado a um equipamento de treinamento com polia.

Figura 2.3 Teste rotacional isoinercial de Andre e colaboradores

AVALIAÇÃO FUNCIONAL DO *CORE*

Uma série de testes funcionais de avaliação do *core* podem ser utilizados. Lembre-se de que esses testes não avaliam diretamente o *core*, mas consideram se ele está forte ou fraco, com base em como o participante completa a tarefa.

O primeiro é o Star Excursion Balance Test (SEBT), feito com a representação de dois conjuntos de linhas no solo (Bliss e Teeple, 2005). O primeiro conjunto de linhas fica perpendicular uma à outra. O segundo conjunto de linhas fica em ângulos de 45 graus em relação ao primeiro. Os participantes ficam sobre a perna dominante onde os dois conjuntos de linhas se cruzam e estendem a perna não dominante o mais longe possível, sem tocar o chão (Gribble e Hertel, 2003). A maior distância alcançada com o dedo do pé em cada direção é registrada (Figura 2.4). Geralmente, esse tipo de avaliação é feito para determinar a eficácia de um protocolo de treinamento, de reabilitação ou de implemento (por exemplo, tornozeleira). Porém Plisky et al. (2006) usaram o SEBT para prever lesões em jogadores de basquete do ensino médio durante a temporada de competição. Os atletas que apresentaram uma diferença de alcance anterior de quatro centímetros direita-esquerda eram mais propensos a sofrer uma lesão no membro inferior. De acordo com os dados, eles também acreditam que o SEBT é redundante e deve ser limitado a três posições de alcance: posterolateral, anterior e posteromedial.

O segundo teste funcional do *core* é o de agachamento em uma única perna (Kibler, Press e Sciascia, 2006; Willson, Ireland e Davis, 2006). Nele, os sujeitos devem executar vários agachamentos parciais, em 45 ou 60 graus de flexão do joelho. O movimento da pessoa é analisado, particularmente, a posição do joelho (valgo, ou pernas para dentro; e varo, ou pernas arqueadas), utilizando a análise de movimento. O joelho deve acompanhar o pé. Qualquer desvio sugere um problema com a ativação muscular e a transferência de força pelo *core*, o que pode levar a danos no futuro. A análise subjetiva pode ser completada se o equipamento de análise de movimento não estiver disponível.

Figura 2.4 Avaliação funcional com o Star Excursion Balance Test (SEBT).

OUTRAS AVALIAÇÕES DO *CORE*

O teste de estabilização do *core* de Sahrmann (Stanton, Reaburn e Humphries, 2004) requer que os participantes fiquem em posição supina com os joelhos flexionados e os pés apoiados no chão. Uma unidade de *biofeedback* de pressão (UBP) é colocada sob a parte inferior das costas do participante e o UBP é insuflado a uma pressão de 40 mmHg. O participante deve completar uma série de exercícios de levantamento de pernas (Quadro 2.1), sem alterar a pressão da braçadeira mais de 10 mmHg. Uma leitura maior ou menor do que 10 mmHg indica uma perda de estabilidade lombopélvica.

Outra forma de avaliação do *core* foi criada por Liemohn e colaboradores. Da mesma forma que Sahrmann, Liemohn et al. (2010) e Liemohn, Baumgartner e Gagnon (2005), mediram a estabilidade do *core* quando os participantes levantavam um ou mais membros para cima. No entanto, eles precisavam que os participantes estivessem ajoelhados, em quatro apoios ou em ponte sobre um tipo de plataforma de oscilação. Os participantes teriam de manter o equilíbrio enquanto levantavam os braços alternadamente por períodos de 30 segundos, em sincronia com um metrônomo ajustado em 40 ou 60 batimentos por minuto. Qualquer desvio no equilíbrio fora de um arco de 10 graus (± 5 graus a partir do centro) foi registrado em segundos para o tempo total que o participante estava fora de equilíbrio.

Quadro 2.1   Teste de estabilidade do *core* de Sahrmann

Nível	Descrição
1	Levante lentamente uma perna até uma posição de 100 graus de flexão do quadril, com flexão confortável do joelho; depois, abaixe a perna para a posição inicial. Repita a sequência com a outra perna.
2	Levante lentamente uma perna para a posição inicial de 100 graus de flexão do quadril, com flexão confortável do joelho. Abaixe a perna lentamente, até que o calcanhar toque o chão. Depois, estenda a perna e retorne para a posição inicial. Repita a sequência com a outra perna.
3	Levante lentamente uma perna para a posição inicial de 100 graus de flexão do quadril, com flexão confortável do joelho. Abaixe lentamente uma perna, de tal modo que o calcanhar fique 12 centímetros acima do chão. Depois, estenda a perna e retorne para a posição inicial. Repita a sequência com a outra perna.
4	Levante lentamente ambas as pernas até uma posição de 100 graus de flexão do quadril, com flexão confortável do joelho. Abaixe as duas pernas lentamente, até que os calcanhares toquem o chão. Depois, estenda as duas pernas e volte para a posição inicial.
5	Levante lentamente ambas as pernas até uma posição de 100 graus de flexão do quadril, com flexão confortável do joelho. Abaixe lentamente ambas as pernas, de tal modo que o calcanhar fique 12 centímetros acima do chão. Depois, estenda as duas pernas e volte para a posição inicial.

Fonte: adaptado de R. Stanton, P.R. Reaburn e B. Humphries, 2004, "The effect of short-term Swiss ball training on core stability and running economy", *Journal of Strength and Conditioning Research* 18(3): 522-528.

POTÊNCIA MUSCULAR DO *CORE*

Os testes que focaram a potência do *core* utilizaram algum tipo de arremesso de *medicine ball* (Shinkle et al., 2012; Cowley e Swensen, 2008). Shinkle et al. (2012) completaram uma série de arremessos estáticos e dinâmicos de *medicine ball* de uma posição sentada em um banco. Quatro arremessos foram concluídos: um arremesso para a frente (Figura 2.5*a-b*), um arremesso para trás (Figura 2.5*c-d*) e arremessos laterais, para a direita e para a esquerda (Figura 2.5*e-f*), usando uma *medicine ball* de 2,7 quilogramas. A parte superior do corpo foi imobilizada para os arremessos estáticos, impedindo que os músculos do *core* contribuíssem para o arremesso. Nos arremessos dinâmicos, a parte superior do corpo ficou livre para mover-se, permitindo a contribuição dos músculos do *core*. Os pés não foram imobilizados nos arremessos. A distância máxima para cada arremesso foi registrada. As diferenças entre os arremessos estáticos e dinâmicos foram creditadas à contribuição do *core*.

Figura 2.5 O teste de potência do *core* com *medicine ball* de Shinkle et al. inclui as versões estática e dinâmica dos (*a-b*) arremessos para a frente.

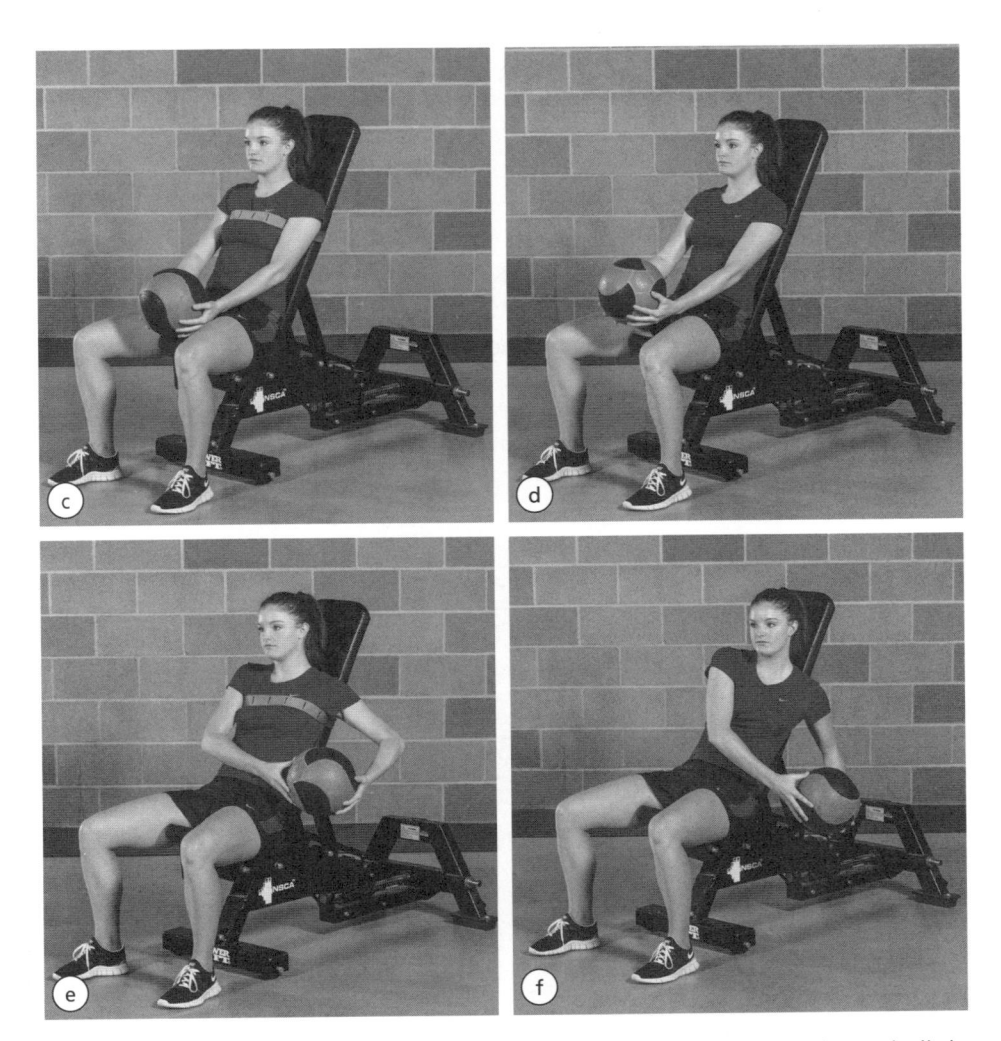

Figura 2.5 (*continuação*) O teste de potência do *core* com *medicine ball* de Shinkle e colaboradores inclui as versões estática e dinâmica do (*c-d*) arremesso para trás e do (*e-f*) arremesso lateral.

Cowley e Swensen (2008) completaram o arremesso para a frente de *medicine ball*. O arremesso foi realizado sentado em uma esteira, com os joelhos flexionados em 90 graus e os pés separados na largura dos ombros. Para completar o arremesso para a frente, o participante manteve os cotovelos estendidos, "embalou" a bola com as mãos e apoiou-se em decúbito dorsal (Figura 2.6*a*). Quando pronto, o participante contraiu os músculos abdominais e os flexores do quadril, movendo a parte superior do corpo para cima, com os braços elevados acima da cabeça (Figura 2.6*b*). Os ombros não puderam se estender. A distância máxima de arremesso foi medida para todos os arremessos em cada estudo.

Figure 2.6 O teste de potência do *core* com *medicine ball* de Cowley e *Swensen* envolve (*a*) recostar em uma posição supina e, em seguida, (*b*) mover o corpo para cima com os braços elevados acima da cabeça.

AVALIAÇÃO DO *CORE* PARA O ESPORTE

Uma forma de avaliar o *core*, possivelmente a mais prática, é usar uma habilidade esportiva. Por exemplo, Saeterbakken, van den Tillaar e Seiler (2011) mediram a velocidade de arremesso de jogadoras de handebol feminino após um programa de treinamento de seis semanas de estabilização do *core*. As jogadoras que completaram o programa de treinamento de estabilização do *core* mostraram um aumento de 4,9% na velocidade de arremesso. Da mesma forma, Thompson, Myers Cobb e Blackwell (2007) mediram a eficácia de um programa de treinamento funcional de oito semanas com foco na estabilização da coluna vertebral, na progressão do equilíbrio e no treinamento resistido em um grupo de jogadores de golfe veteranos (com idades de 60 a 80 anos). Os jogadores que completaram o treinamento obtiveram um aumento de 4,9% na velocidade.

CONCLUSÃO

Diversos testes estáticos e dinâmicos estão disponíveis para avaliar o *core*. O tipo de avaliação selecionado depende das necessidades individuais e da disponibilidade de equipamento. Além disso, a forma de avaliação deve ser a mais específica possível para o esporte ou a atividade.

O teste isométrico do *core* é adequado para pessoas de todos os níveis de preparo físico. Esse tipo de teste não necessita de equipamento especial e é o mais amplamente utilizado. Em contrapartida, os resultados dos testes isométricos são difíceis de aplicar a qualquer atividade dinâmica.

Para pessoas com um melhor nível de aptidão física ou que praticam esportes, a avaliação dinâmica seria a melhor escolha. O teste selecionado depende da atividade da pessoa. Por exemplo, se a rotação do tronco é um movimento básico na atividade que a pessoa pratica, escolher uma avaliação que envolve rotação do tronco seria o ideal (por exemplo, arremesso de *medicine ball*). Se o movimento primário envolve flexão ou extensão, então, a ferramenta de avaliação ideal mediria esses movimentos. Para cada pessoa, a ferramenta de avaliação dinâmica deve ser selecionada de acordo com as exigências de movimento da atividade ou o conjunto de habilidades esportivas.

CAPÍTULO 3

Atividade muscular do *core* durante o exercício

David Behm

Aumentar o nível de instabilidade ao levantar pesos provoca um aumento na atividade dos músculos do *core* (tronco) para manter a técnica (Grenier et al., 2000). Existem vários métodos para criar maior instabilidade, como fazer exercícios com pesos livres em vez de máquinas, apoiando o corpo sobre um pé em vez de dois (ou elevando um membro superior independentemente) e incorporando vários aparelhos instáveis (por exemplo, bola suíça, *balance disc*). Existem infinitas variações para desafiar progressivamente um atleta a desenvolver força, potência ou resistência nos músculos do *core*.

A maioria das habilidades esportivas envolve uma força que pode interferir no equilíbrio do corpo, gerada do movimento de um membro. Ao rebater uma bola de tênis, balançar um bastão ou chutar uma bola de futebol, o torque e o momento angular do membro e do implemento tendem a girar o corpo em oposição ao movimento do membro. Para proporcionar uma base firme a partir da qual se possa gerar grande força e torque dos membros e manter a precisão do movimento, os músculos do *core* devem sustentar uma coluna estável. Para aumentar a transferência do efeito do treinamento, exercícios resistidos devem ser programados, para que o atleta precise estabilizar a coluna durante a execução de ações dinâmicas com os membros superiores e inferiores.

Diversos estudos têm demonstrado que fazer exercícios apoiado em superfícies instáveis aumenta a atividade muscular do *core*, comparando-se a executar os mesmos exercícios em condições estáveis (Anderson e Behm, 2004; Arjmand e Shirazi-Adl, 2006; Vera-Garcia, Grenier e McGill, 2002). O aumento da atividade muscular do *core* pode ser conseguido se a instabilidade vem de ficar em pé ou sentado sobre uma superfície instável ou plataforma ou se implementos instáveis são movidos, como ao realizar supinos com pesos livres (Gaetz, Norwood e Anderson, 2004) ou flexões em uma bola suíça (Boltzmann, Gaetz e Anderson, 2004). Foi observado, respectivamente, aumento da atividade muscular abdominal e da percepção de esforço quando os indivíduos realizaram flexões, agachamentos (Marshall e Murphy, 2006a) e supinos (Marshall e Murphy, 2006b) em uma bola suíça. A Figura 3.1 ilustra variações de flexão que provocam progressivamente maior atividade muscular do *core* e dos membros.

Anderson e Behm (2005) requisitaram que os participantes fizessem agachamentos em uma máquina Smith (barra guiada por trilhos), agachamentos com pesos livres regulares sobre um piso estável e, também, agachamentos em *balance discs*. Essa progressão ocorre, muitas vezes, em séries práticas, conforme o equilíbrio do corpo inteiro e a estabilidade são cada vez mais desafiados com agachamentos menos estáveis. Como seria de esperar, níveis mais elevados de instabilidade (*balance discs* > agachamento com pesos livres > máquina Smith) resultaram em maior atividade dos músculos das costas inferiores e superiores. Em contrapartida, flexões dinâmicas balísticas (alta velocidade) exigiram maior atividade muscular do *core* e carga da coluna vertebral, em comparação com os aumentos modestos na carga da coluna vertebral quando foram realizadas flexões em bolas de basquete (Freeman et al., 2006). Assim, os dispositivos de instabilidade podem proporcionar um ambiente de treinamento para garantir a alta atividade muscular do *core*, ao passo que os métodos de treinamento balísticos também podem provocar efeitos semelhantes.

Muitas atividades da vida diária (AVDs) e muitos esportes envolvem o uso de um só membro (McCurdy e Conner, 2003). No entanto, exercícios resistidos tradicionais são, geralmente, bilaterais (ambos os braços ou ambas as pernas), utilizando máquinas, uma barra ou dois halteres. De acordo com o princípio da especificidade, o treinamento deve simular o melhor possível as ações do esporte ou da atividade (Sale, 1988). Quanto maior a diferença entre os movimentos de treinamento e as ações esportivas, menor transferência potencial pode ser esperada (Behm, 1995). Assim, para respeitar o princípio de especificidade, o treinamento unilateral ou de um único membro deve constituir uma parte importante do programa de treinamento de uma pessoa. A Figura 3.2 ilustra um exemplo de um exercício unilateral que proporciona desafios adicionais para os músculos do *core* ao mesmo tempo que exerce elevada resistência.

Figura 3.1 Flexões de maior complexidade e instabilidade.

Outra vantagem do treinamento unilateral é o rompimento no equilíbrio (ruptura de torque) colocado no corpo, resultando em maior atividade dos músculos do *core* para compensar o desequilíbrio. Por exemplo, segurar e movimentar um halter de um lado do corpo fará o tronco e o corpo se deslocarem para aquele lado, o que resulta em aumento de contrações musculares do lado oposto, para equilibrar o deslocamento. Behm et al. (2005) relataram maior ativação muscular nas costas durante o desenvolvimento unilateral de ombro e maior atividade estabilizadora do abdome inferior durante o supino unilateral. Em vez de uma base instável, ações unilaterais, ou de um único membro, podem fornecer uma ruptura de torque para o corpo, proporcionando, assim, outro tipo de condição instável.

A maior atividade dos músculos do *core* com instabilidade observada nos

Figura 3.2 Exercícios unilaterais, como o crucifixo, podem parecer mais com os movimentos de determinado esporte ou atividade.

estudos citados anteriormente não foi comparada com os pesos maiores, que normalmente podem ser levantados durante o treino com peso livre no solo (por exemplo, agachamentos, levantamentos terra). Agachamentos e levantamentos terra utilizando 80% de uma repetição máxima (1 RM) produziram maior atividade dos músculos das costas (34%-70%) do que exercícios calistênicos instáveis, como ponte lateral e super-homem (Hamlyn, Behm e Young, 2007). Em um estudo similar, foi relatada maior ativação das costas a exercícios de levantamento terra e agachamento estáveis em comparação a exercícios calistênicos instáveis (Nuzzo et al., 2008). Willardson, Fontana e Bressel (2009) apontaram atividade muscular significativamente maior para os músculos abdominais durante o desenvolvimento de ombro ao se fazer o levantamento com 75% de 1 RM em terreno estável, comparado com 50%

de 1 RM em BOSU. Em contrapartida, não houve diferenças significativas na atividade muscular dos oblíquos externos e dos músculos das costas no agachamento, no levantamento terra, no desenvolvimento do ombro e na rosca bíceps quando o levantamento foi feito com 75% de 1 RM em terreno estável ou com 50% de 1 RM em BOSU. No geral, Willardson e seus colaboradores não demonstraram qualquer vantagem em utilizar uma meia bola BOSU para treinar os músculos do *core*. Esse grupo de pesquisa realizou um experimento similar, mas acrescentou uma condição em que foram dadas instruções aos sujeitos para ativar conscientemente seus músculos do *core* durante a execução de um agachamento livre com 50% de 1 RM. A condição de instrução foi mais eficaz para ativar os músculos abdominais em comparação com agachamentos mais instáveis e pesados (75% de 1 RM) (Bressel et al., 2009).

Atletas competitivos podem conseguir uma maior atividade muscular do *core* com exercícios pesados com peso livre, mas pessoas mais interessadas em saúde e reabilitação podem alcançar uma maior ativação muscular do *core* com cargas ou pesos mais baixos apoiados em superfícies instáveis. Não obstante, os atletas altamente treinados podem não obter uma adaptação ao treino de equilíbrio semelhante com dispositivos moderadamente instáveis. Wahl e Behm (2008) constataram que o uso de dispositivos moderadamente instáveis (por exemplo, *balance discs* e BOSU) não apresentou um desafio tão grande para a estabilidade como a bola suíça ou a plataforma de oscilação em atletas altamente treinados em força. Como esses atletas podem ter uma maior estabilidade obtida com exercícios com pesos livres, um maior nível de instabilidade ou de resistência pode ser necessário para novas adaptações. Assim, as necessidades e as adaptações de treinamento de pessoas experientes e inexperientes sugerem que seus programas de treinamento devem ser diferentes.

O treinamento prolongado com bola suíça pode melhorar a estabilidade da coluna vertebral em pessoas sedentárias. Carter et al. (2006) treinaram pessoas sedentárias com bolas suíças duas vezes por semana, durante 10 semanas. Após o treinamento, os participantes pontuaram significativamente melhor em um teste de resistência estática das costas e de ponte lateral. No entanto, o grupo de controle usado nesse estudo permaneceu sedentário, em vez de fazer o treinamento tradicional. Ganhos mais acentuados no equilíbrio do tronco e atividade eletromiográfica (EMG) maior foram relatados após cinco semanas de treinamento com bolas suíças, em comparação com os exercícios de solo tradicionais (Cosio-Lima et al., 2003). Dois outros estudos relataram que atletas amadores treinando com dispositivos de instabilidade durante sete (Kibele e Behm, 2009) e oito (Sparkes e Behm, 2010) semanas obtiveram melhora na força e no desempenho semelhantes ao outro grupo que fez o treinamento resistido tradicional. Contudo, não se sabe se as técnicas tradicionais de treinamento resistido podem proporcionar resultados semelhantes ou melhores em pessoas altamente treinadas.

EFEITOS DA INSTABILIDADE NA ATIVIDADE MUSCULAR DOS MEMBROS

Exercícios realizados em superfícies instáveis não só aumentam a atividade muscular do *core*, mas, também, a atividade muscular do agonista e as cocontrações (agonistas e antagonistas juntas). A atividade do tríceps e do deltoide aumentou quando as flexões e os supinos foram realizados em condições instáveis, em comparação com exercícios feitos em condições estáveis (Marshall e Murphy, 2006a, 2006b), ao passo que o músculo sóleo da panturrilha teve maior ativação durante os agachamentos instáveis (Anderson e Behm, 2005). Em outro estudo do mesmo grupo, embora a força do supino isométrico no peito tenha diminuído, não houve diferença significativa para a atividade dos membros e do músculo peitoral entre as condições instáveis e estáveis (Anderson e Behm, 2004). O nível similar de atividade muscular, mas com diminuição da força com a instabilidade, sugere que a capacidade para aplicar a força externa pelos músculos foi transferida para maiores funções de estabilização (Anderson e Behm, 2004).

As cabeças curta e longa do bíceps braquial podem contribuir como estabilizadoras da articulação do ombro, e seu papel na estabilização aumenta conforme a estabilidade da articulação diminui (Itoi et al., 1993). Essa resposta muscular para exercícios instáveis pode ser especialmente benéfica no contexto da reabilitação, em que a resistência excessiva sobre uma articulação lesionada pode aumentar a chance de lesão. Geralmente, uma lesão obriga a pessoa a usar menos resistência, o que resulta em um nível inferior de ativação muscular. Entretanto, com um exercício resistido instável, a atividade muscular pode ser alta, mesmo com menor resistência, para que o tecido conjuntivo de reparação não tenha de lidar com resistência ou carga alta.

Assim, a maioria dos estudos indica um decréscimo na resistência combinado com alta atividade muscular do segmento. Isso sugere uma mudança de foco na capacidade de mover cargas para proteger a articulação (Anderson e Behm, 2004).

A atividade de cocontração (atividade dos músculos agonistas e antagonistas opostos) pode aumentar durante o jogo, o trabalho ou o treinamento em superfícies instáveis. A atividade antagonista, na qual o músculo oposto resiste à contração ou ao movimento pretendido (por exemplo, tríceps são os antagonistas para o bíceps durante um exercício com halter), parece ser maior quando há variação na tarefa (De Luca e Mambrito, 1987; Marsden, Obeso e Rothwell, 1983). Behm, Anderson e Curnew (2002) relataram que a flexão plantar e as ações musculares de extensão do joelho realizadas em condições instáveis registraram atividade antagonista 30% e 40% maior, respectivamente, do que as realizadas em condições de estabilidade. O papel do antagonista pode ter sido uma tentativa de controlar e proteger o membro na produção de força. No entanto, quanto mais o antagonista contrai (por exemplo, durante um exercício para tríceps com halter), menos resistência pode ser movida pelo agonista (por exemplo, durante um exercício para bíceps com halter). Assim, ainda que uma elevada atividade muscular possa ser alcançada em ambientes instáveis, a capacidade de fazer o trabalho pode ser prejudicada à medida que os músculos tentam lidar com a variação de instabilidade.

O treinamento prolongado pode resultar em menor atividade antagonista durante o levantamento (Carolan e Cafarelli, 1992; Person, 1958). São necessárias mais pesquisas para determinar se o uso de superfícies instáveis para melhorar o equilíbrio e a estabilidade e reduzir a variação do movimento diminui as cocontrações, o que pode melhorar a eficiência do movimento. Como as pessoas que se deparam com uma situação ou um movimento instável adotam uma estratégia de ativação excessiva (Carpenter et al., 2001; Hogan, 1984; Karst e Hasan, 1987), coordenação, força, potência, velocidade e outros atributos podem ser afetados. É possível que um programa de treinamento de instabilidade, envolvendo primeiro equilíbrio estático e, em seguida, atividades de equilíbrio dinâmico, melhorasse o equilíbrio intrínseco. Essa melhora no equilíbrio aumentaria a confiança no movimento, liberando o sistema neuromuscular de uma estratégia de enrijecimento, o que resultaria em movimento, força e desenvolvimento de potência mais desimpedidos.

EFEITOS DA INSTABILIDADE NA FORÇA E NA VELOCIDADE

O efeito dos exercícios de instabilidade, como flexões ou agachamentos, sobre a capacidade de exercer força ou gerar alta velocidade é bastante controverso na literatura. Siff (1991) observou que a maior variedade de movimento disponível com o uso de uma bola é preferível a atividades similares feitas na maioria dos circuitos de treinamento em academias, pois fornece resistência por meio de uma maior variedade de movimento (maior flexibilidade). Além disso, bolas suíças são frequentemente recomendadas para promover uma postura sentada adequada, evitando dores lombares (Norris, 2000).

Entretanto, *déficit* de instabilidade têm sido relatados e incluem diminuição de força ou de potência com a instabilidade. Por exemplo, a utilização de bola suíça resultou na diminuição da produção de força durante extensão do joelho (↓70%) (Behm, Anderson e Curnew, 2002), flexão plantar (↓20%) (Behm, Anderson e Curnew, 2002) e supino isométrico (↓60%) (Anderson e Behm, 2004). Da mesma forma, Kornecki e Zschorlich (1994) demonstraram uma diminuição de 20% a 40% em potência muscular quando se utiliza um dispositivo pendular instável durante movimentos de puxar. A contribuição muscular para a estabilidade aumentou, em média, 40% quando a alça foi alterada de estável para instável durante movimentos de puxar (Kornecki, Kebel e Siemienski, 2001). Embora a força isométrica pareça ser reduzida, demonstrou-se que uma força de 1 RM no supino na bola suíça teve resultado semelhante em comparação com a mesma força em uma superfície estável (Cowley, Swensen e Sforzo, 2007; Goodman et al., 2008). Esses dois estudos utilizaram mulheres não treinadas e atletas amadores, respectivamente, de modo que não se sabe se os levantadores de elite poderiam também manter suas forças elevadas em uma base instável.

Koshida et al. (2008) sugeriu que os pequenos decréscimos (de 6% a 10%) em força, potência e velocidade no supino feito em bola suíça podem não comprometer o efeito do treinamento. Todavia, como eles implementaram uma resistência de 50% de 1 RM, os possíveis efeitos benéficos do treinamento podem ser mais aplicáveis à resistência muscular, em vez de ao treinamento de força máxima e hipertrófica. Esses estudos implicam que o tipo de ação muscular realizada afeta a força em plataformas instáveis.

Além disso, um aumento da carga das articulações em razão de instabilidade pode limitar a força, a potência e o desempenho. Essa estratégia é adotada quando as pessoas sofrem uma ameaça de instabilidade (por exemplo, andar sobre uma trave de equilíbrio, pisar em gelo ou ficar em pé sobre uma plataforma instável) (Carpenter et al., 2001). Esse tipo de situação pode afetar a quantidade e a velocidade dos movimentos voluntários (Adkin et al., 2002). Novos padrões de movimento, especialmente aqueles realizados na instabilidade, geralmente são assimilados a uma velocidade baixa. No entanto, a maioria dos esportes é realizada em altas velocidades, o que resulta em uma contradição da especificidade de treinamento (Behm, 1995; Behm e Sale, 1993).

Drinkwater, Pritchett e Behm (2007) requisitaram que os participantes fizessem agachamentos com barra de diversas resistências em piso estável, em almofada de espuma ou no BOSU. Houve decréscimos significativos induzidos pela instabilidade em potência, força e velocidade, bem como em amplitude de movimento. Os *deficit* eram geralmente maiores conforme a resistência aumentava. Da mesma forma, McBride, Cormie e Deane (2006) relataram reduções no pico de força, na taxa de desenvolvimento de força e na atividade muscular dos agonistas na execução de um agachamento em *balance discs*, comparando com essa atividade executada em uma plataforma de força estável. Esses resultados sugerem que agachamentos realizados em condições cada vez mais instáveis podem não fornecer as condições ideais para treinamento de força e de potência.

A prática específica do esporte pode ser suficiente para melhorar o equilíbrio e o desempenho na instabilidade (Willardson, 2004). Por exemplo, há relatos de que triatletas são mais estáveis e menos dependentes da visão para o controle da postura do que indivíduos não treinados ou atletas amadores (Nagy et al., 2004). Relata-se que ginastas são mais eficientes na integração e na resposta às mudanças no equilíbrio (Vuillerme, Teasdale e Nougier, 2001). Atletas altamente treinados podem não se beneficiar do treinamento de instabilidade na mesma medida em que as pessoas menos experientes. Wahl e Behm (2008) mostraram que atletas com alto treinamento de força não tiveram ativação muscular significativamente maior quando os exercícios foram realizados em dispositivos moderadamente instáveis (por exemplo, DynaDisc e BOSU). Assim, nem todos os segmentos da população obtêm os melhores resultados com o treinamento de instabilidade.

Da mesma forma, o treinamento com equipamento esportivo específico que aumenta a estabilidade durante a prática pode prejudicar a propriocepção (senso de posicionamento). Essa resposta foi evidente no caso dos esquiadores de nível nacional, que obtiveram resultados piores que seus colegas de nível regional nos testes de equilíbrio sem as botas de esqui (Noe e Paillard, 2005). Os autores consideraram que o desempenho inferior dos esquiadores de nível nacional pode ter ocorrido em razão do uso prolongado de botas de esqui, que restringem a amplitude de movimento, reforçando o modelo de especificidade do treinamento.

Além disso, ao passo que os jogadores mais jovens de hóquei demonstraram uma correlação significativa entre equilíbrio estático e velocidade de patinação, os mais experientes não apresentaram o mesmo resultado. Uma vez que o equilíbrio estático não é tão essencial como o equilíbrio dinâmico para o hóquei, a prática esportiva específica é um amplo estímulo para a estabilidade dinâmica e para adaptações ao treinamento de patinação em velocidade (Behm et al., 2005). Infelizmente, o treinamento no mesmo ambiente do esporte ou atividade nem sempre é possível. Por exemplo, alguns esportes ao ar livre (como futebol e beisebol) não podem ser praticados no campo de jogo durante a temporada de inverno, nem esportes que utilizam superfícies de gelo podem ser praticados normalmente quando as arenas estão fechadas nas estações mais quentes. Assim, diferentes desafios para o equilíbrio do atleta podem ser necessários. Esses desafios poderiam incluir atividades de equilíbrio estático, como se apoiar apenas em um pé ou ficar com os olhos fechados em plataformas de oscilação e em *balance discs*. Contudo, de acordo com o conceito de especificidade de treinamento, atividades de equilíbrio dinâmico, como saltar, aterrissar, correr ou mudar de direção utilizando superfícies instáveis proporcionariam uma transferência mais específica de habilidades de equilíbrio e de estabilidade para o movimento real do esporte.

Exercícios que exigem equilíbrio também devem ser incorporados em programas de treinamento resistido para jovens (Behm et al., 2008), pois o equilíbrio é essencial para o desempenho esportivo ideal e a prevenção de lesões esportivas (Verhagen et al., 2005). Considerando-se que o equilíbrio e a coordenação não estão totalmente desenvolvidos em crianças (Payne e Isaacs, 2005), o treino de equilíbrio pode ser particularmente benéfico para reduzir o risco de lesões durante a execução de treinamento resistido, especialmente para a lombar. Estudos em adultos demonstraram maior ativação dos músculos do tronco em atividades realizadas em superfície instável, em comparação com atividades em superfície estável (Behm et al., 2010a; Behm et al., 2010b); a vantagem do treinamento sobre uma superfície instável é que a atividade muscular elevada pode ser alcançada sem a imposição de grandes pesos (Behm et al., 2010a, 2010b). Ao incorporar o treinamento de equilíbrio em programa de treinamento resistido para crianças, os exercícios devem progredir de atividades simples de equilíbrio estático em superfícies estáveis para atividades mais complexas de treinamento estático de instabilidade, usando dispositivos como placas de oscilação, BOSU e bolas suíças (Behm e Anderson, 2006; Behm et al., 2008). Ao longo do tempo, o programa pode tornar-se mais desafiador alterando-se a base de apoio, o braço de momento (ou de alavanca) do segmento corporal, o padrão ou a velocidade do movimento.

TREINAMENTO COMPLEXO EM COMPARAÇÃO COM TREINAMENTO ISOLADO

As vantagens dos pesos livres sobre as máquinas estão bem documentadas (Garhammer, 1981; McCaw, 1994; Simpson et al., 1997; Stone, 1982). As principais vantagens decorrem da capacidade que as inúmeras variações de exercícios com pesos livres têm de simular as necessidades de movimento dos esportes e das atividades cotidianas. Essa utilização de pesos livres é imprescindível na adesão ao princípio da especificidade (Behm, 1995; Behm e Sale, 1993). Além disso, levantar pesos livres requer que o levantador equilibre e estabilize a barra ou os halteres enquanto o movimento ocorre em um determinado plano.

Levantamentos olímpicos (exercícios complexos) são, muitas vezes, indicados por seu foco na coordenação, na aprendizagem motora e na estabilidade. Uma maior tensão nos ajustes posturais e na potência de saída com levantamentos olímpicos e variações de tais levantamentos (por exemplo, desenvolvimentos, arremessos de *medicine ball*, arranques com *kettlebell*) deve fornecer mais benefícios neuromusculares. Assim, para um melhor desempenho esportivo e um aumento da atividade muscular do *core*, seria melhor diminuir o foco nos exercícios resistidos baseados em máquinas estáveis e focalizar exercícios com pesos livres no solo (por exemplo, agachamentos, levantamentos terra, levantamentos olímpicos).

Lesões do sistema locomotor comuns, como lesões lombares, têm sido associadas com a diminuição da resistência muscular (McGill, 2001) e o comprometimento do controle da função motora ou da coordenação (Hodges, 2001; Hodges e Richardson, 1996, 1997, 1999). Abt et al. (2007) apontaram que ciclistas com melhores estabilidade e resistência do *core* poderiam manter um alinhamento melhor dos membros inferiores, o que pode reduzir o risco de lesões. Levantamentos com peso livre no solo, como levantamentos olímpicos, agachamento, levantamento terra e outros, podem proporcionar um ambiente relativamente instável para melhorar a resistência muscular, a coordenação e o controle motor, além de ajudar a prevenir lesões lombares. Além disso, combinar os maiores níveis de instabilidade associados a dispositivos de instabilidade (por exemplo, bolas suíças, plataformas de oscilação e *balance discs*) com exercícios multiarticulares de peso livre pode melhorar ainda mais a coordenação e o equilíbrio, contribuindo para a prevenção de lesões.

Em resumo, os levantamentos com peso livre no solo, especialmente os levantamentos olímpicos, são altamente recomendados para o condicionamento atlético dos músculos do *core*, pois podem proporcionar um estímulo moderadamente instável para aumentar a ativação dos músculos do *core* e dos membros e, ainda, fornecer força máxima ou quase máxima, velocidade e potência de saída. Contudo, as pessoas que estão treinando para melhorar a saúde – ou que não têm acesso ou estão menos interessadas nas tensões do treinamento associadas ao levantamento de peso livre no solo – podem ser beneficiadas com adaptações no treinamento resistido com dispositivos de instabilidade e exercícios para alcançar benefícios funcionais para a saúde. Uma vez que o equilíbrio e a coordenação não estão totalmente desenvolvidos nas crianças (Payne et al., 1997), os exercícios de treinamento resistido de instabilidade podem ser ainda mais adequados para a saúde e para o desempenho nessa faixa etária (Behm et al., 2008).

RECOMENDAÇÕES

Atletas treinando para obter força máxima, hipertrofia, potência e velocidade de movimento devem preferir pesos livres pesados. Um programa eficaz deve incluir vários níveis de instabilidade. Ela pode envolver dispositivos de instabilidade, mas também pode ser alcançada com pesos livres. O treinamento específico da musculatura do *core* deve ser periodizado (mudanças progressivas no volume, na intensidade e na variedade do programa ao longo do tempo). O treinamento contínuo com maiores intensidades usando pesos livres no solo deve ser equilibrado com ciclos de volumes moderados. Alta atividade muscular e pesos ou cargas menores associados a exercícios resistidos de instabilidade proporcionariam um grande estímulo durante esses ciclos de volumes moderados (menos trabalho total) no plano periodizado.

Do ponto de vista da recuperação, a utilização de dispositivos instáveis demonstrou ser eficaz na redução da incidência de dor lombar e no aumento da propriocepção articular. Esse treinamento pode promover contrações mais rápidas dos músculos envolvidos para rápida ativação muscular e proteção das articulações. Esses resultados podem fornecer alguma proteção contra lesões ou melhorar a recuperação de uma lesão no *core* ou em outro local e, portanto, ser incluídos como parte de um programa de exercício de prevenção ou de reabilitação global (Behm et al., 2010a, 2010b).

Para pessoas em forma e preocupadas com a saúde, levantamentos com pesos livres devem formar a base dos exercícios para treinar os músculos do *core*. Esses exercícios também podem ser implementados com dispositivos de instabilidade que propiciem menos resistência. A alta atividade dos músculos do *core* decorrente da instabilidade, combinada com uma menor produção de força, pode fornecer ainda tensão suficiente no sistema para induzir ou manter benefícios para a saúde; porém a força máxima ou o desenvolvimento de potência podem ser comprometidos. Exercícios de isolamento para os músculos do *core*, como hiperextensões, podem ser mais úteis para o desenvolvimento de resistência em músculos específicos ou para objetivos estéticos (por exemplo, fisiculturismo). Pela proporção relativamente elevada de fibras de contração lenta, os músculos do *core* podem responder muito bem a várias séries que envolvem repetições elevadas (por exemplo, mais de 15 por série). No entanto, as características de um determinado esporte podem exigir intervalos de repetição que enfatizam o desenvolvimento de força e de potência (por exemplo, menos de seis por série) (Behm et al., 2010a, 2010b).

CAPÍTULO 4

Exercícios e treinos para o desenvolvimento do *core*

Brad Schoenfeld e Jay Dawes

Neste capítulo, uma grande variedade de treinos e de exercícios criados especificamente para treinar a musculatura do *core* são descritos. Todavia, apesar de esses exercícios terem foco especial no treinamento do *core*, pesquisas indicam que muitos exercícios tradicionais de treinamento resistido realizados tanto bilateral quanto unilateralmente com barras e halteres são excelentes opções de treinamento para desenvolver a força e a estabilidade do *core*, bem como para maximizar a força total (Behm et al., 2005; McCurdy et al., 2005; Willardson, 2006). Por esse motivo, recomendamos que sejam realizados os exercícios tradicionais de treinamento resistido, como agachamento, levantamento terra e as variações do levantamento olímpico, assim como os treinamentos específicos de *core* que se seguem. Muitos dos exercícios aqui apresentados podem ser realizados com pesos adicionais, para desafiar ainda mais a musculatura do *core*.

ABDOMINAL BICICLETA

Deite-se em decúbito dorsal com os joelhos flexionados em um ângulo de 90 graus. Feche as mãos e coloque-as nas orelhas. A parte superior das costas deve estar ligeiramente acima do chão, para manter a tensão constante sobre os músculos-alvo. Mova o seu joelho direito em direção ao seu cotovelo esquerdo e tente tocar um com o outro. Quando voltar a perna direita e o cotovelo esquerdo para a posição inicial, mova a perna esquerda em direção ao seu cotovelo direito da mesma forma. Continue esse movimento, alternando entre os lados direito e esquerdo, como se estivesse pedalando uma bicicleta, até o número prescrito de repetições.

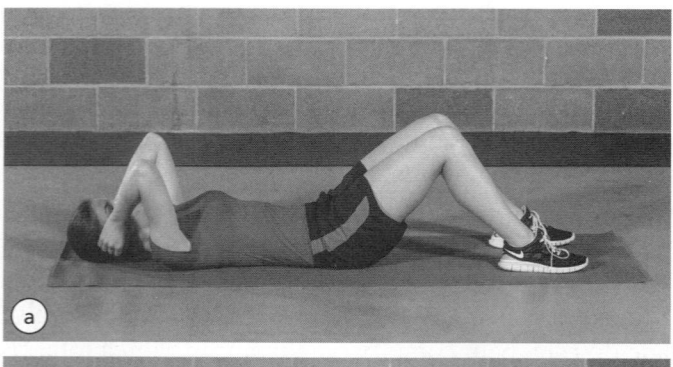

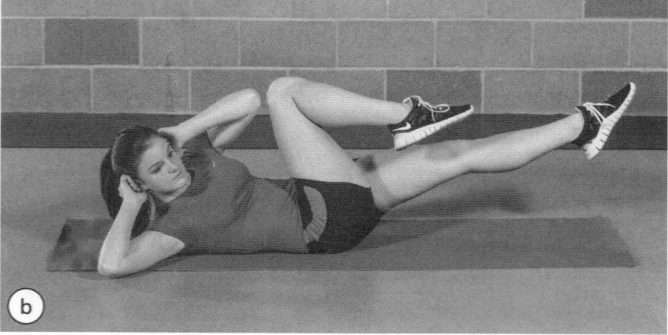

ABDOMINAL REVERSO

Deite-se em decúbito dorsal, com os joelhos flexionados. Coloque os braços e as mãos cruzados no peito. A parte superior das costas deve estar ligeiramente acima do chão, para manter a tensão constante sobre os músculos-alvo. Mova os joelhos para cima, em direção ao peito, flexionando-os em um ângulo de 90 graus. Contraia o abdome, para levantar um pouco os quadris do chão, levantando as pernas no processo. Volte à posição inicial e continue o movimento até o número de repetições desejado.

Variação

Para aumentar a intensidade, coloque as mãos atrás da cabeça ou em cima dela.

BIRD DOG

Coloque os joelhos e as palmas das mãos no chão (em quatro apoios), o queixo para cima e a coluna em posição neutra. Estenda a perna direita e o braço esquerdo simultaneamente, para que eles fiquem paralelos ao chão. Não permita que os quadris rotacionem. Mantenha essa posição pelo período de tempo desejado; depois, repita com o braço e a perna do lado oposto. Continue o movimento até o número desejado de repetições, alternando os lados com cada repetição.

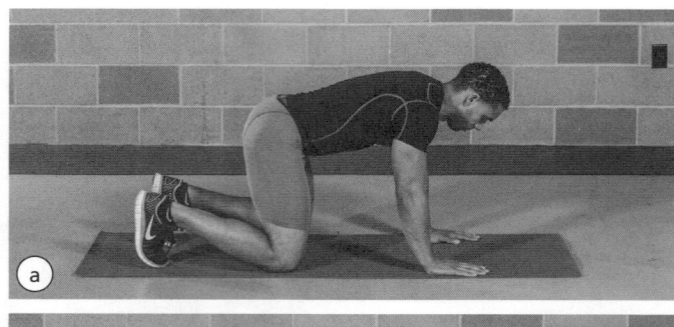

PÊNDULO REVERSO

Deite-se em decúbito dorsal, com os braços para os lados e as palmas das mãos no chão. Mantendo as pernas retas e os pés juntos, levante as coxas, de modo que elas fiquem perpendiculares ao solo. Mantendo a parte superior das suas costas coladas ao chão, abaixe lentamente as pernas diretamente para a direita. Levante as pernas de volta à posição inicial e repita o processo para a esquerda. Alterne de lado a lado, até alcançar o número desejado de repetições.

Variação

Pêndulo reverso *medicine ball twister*: flexione os joelhos e execute o movimento "pêndulo reverso", conforme descrito. Se o movimento ficar fácil, coloque uma *medicine ball* entre joelhos ou coxas.

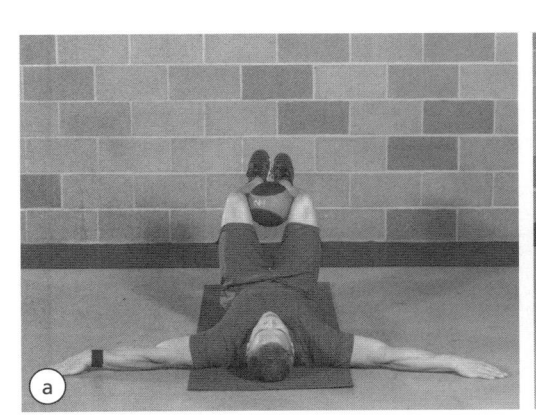 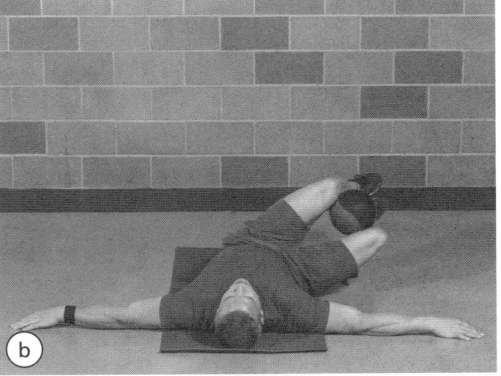

PRANCHA VENTRAL

Deite-se em decúbito ventral, com as palmas das mãos no chão, os pés juntos e a coluna em posição neutra. Eleve o corpo com as palmas das mãos e os dedos dos pés, mantendo cabeça, tronco e pernas em linha reta. Mantenha essa posição pelo tempo prescrito e desafie a si mesmo a ficar períodos mais longos na posição de prancha. (Se você tiver dificuldade com este exercício, coloque os antebraços no chão e faça conforme descrito. Observe as fotos.)

Variação

Prancha ventral com extensão de quadril: da posição de prancha ventral, levante o calcanhar de um dos pés. A redução do número de pontos de contato aumenta a intensidade do exercício. Levante os calcanhares alternadamente de forma dinâmica, ou mantenha cada calcanhar no ar por um determinado período de tempo.

DE PRANCHA A *PIKE-UP* NA BOLA SUÍÇA

Fique em posição de flexão, com as palmas das mãos no chão, na altura dos ombros, as pernas em cima de uma bola suíça e os pés pendendo um pouco para fora da borda da bola. Mantenha sua cabeça, seu tronco e suas pernas em linha reta e mantenha a coluna neutra. Traga suas pernas na direção de seus braços, flexionando os quadris, permitindo que a bola role de suas pernas para os dedos dos pés. Ao término do movimento, seus ombros e suas costas devem estar o mais próximos e perpendiculares possível ao solo. Volte à posição inicial e repita até o número prescrito de repetições.

PONTE LATERAL

Deite-se em decúbito lateral (lado direito), pernas retas, palma da mão direita no chão, pés juntos. Estenda o braço direito, mantendo-o alinhado com o ombro, e coloque a mão livre no ombro oposto. Mantenha essa posição pelo período de tempo desejado e repita do outro lado.

Variação
Ponte lateral modificada (ponte do antebraço): coloque o antebraço no chão e execute o movimento conforme descrito.

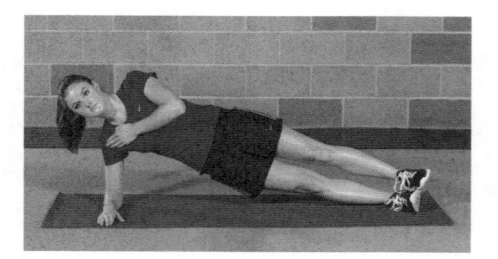

EXTENSÃO

Deite-se em decúbito ventral e coloque as duas mãos na altura das orelhas. Mantendo a caixa torácica menor em contato com o solo, levante lentamente o tronco do chão, em extensão, usando os cotovelos ou as mãos. Mantenha por duas respirações e volte à posição inicial. Repita o exercício até o número desejado de repetições.

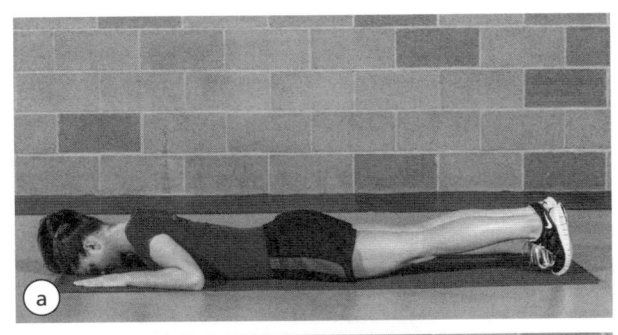

LEVANTAMENTO NA MÁQUINA DE GLÚTEOS

Ajuste a placa de suporte do pé na máquina de glúteos para mais estabilidade e conforto, de modo que a parte inferior das coxas seja pressionada contra os rolos da frente, com os joelhos posicionados sobre os suportes. De joelhos, o tronco deve estar totalmente na vertical; os braços podem ser cruzados sobre o peito, as mãos podem ser colocadas na parte de trás da cabeça, ou os braços podem ser colocados em cima da cabeça, dependendo do nível de intensidade desejado. Incline-se lentamente para a frente, flexionando a articulação do quadril e mantendo a coluna ereta, até que o tronco esteja paralelo com o solo; depois, retorne à posição inicial. Repita o exercício até o número desejado de repetições.

HIPEREXTENSÃO NA BOLA SUÍÇA

Deite-se em decúbito ventral, com os seus quadris em uma bola suíça e os pés um pouco mais afastados que a largura dos ombros, dedos apoiados no chão. Coloque as mãos nas coxas e mantenha a cabeça alinhada com o tronco. Mantendo a parte inferior do corpo estável, eleve o peitoral e os ombros distantes da bola o máximo que puder, de forma confortável. Contraia os glúteos e retorne à posição inicial. Repita o exercício até o número desejado de repetições.

Variação

Hiperextensão com rotação na bola suíça: na parte superior do movimento, rotacione o tronco para cima e para um lado. Execute o número desejado de repetições e repita do outro lado.

HIPEREXTENSÃO REVERSA NA BOLA SUÍÇA

Deite-se em decúbito ventral em uma bola suíça, para que a bola fique debaixo da parte anterior de seus quadris. Coloque as palmas das mãos no chão, à frente da bola. Estenda as pernas para trás, levantando alguns centímetros do solo, com os pés separados na linha dos quadris. Mantendo seus braços estabilizados, eleve suas pernas lentamente, até que os tornozelos e a parte posterior da cabeça estejam em linha reta. Contraia os glúteos e volte à posição inicial. Repita o exercício até o número desejado de repetições.

ABDOMINAL NA BOLA SUÍÇA

Sente-se em uma bola suíça, com seus pés afastados na largura dos ombros. Mova seus pés para a frente, até que a lombar esteja apoiada firmemente. Apoie as mãos sobre o peito e a parte superior das costas e os ombros na bola. Flexione o tronco o máximo possível, sem ficar desconfortável. Contraia seu abdome e volte à posição inicial. Repita o exercício até o número desejado de repetições.

ABDOMINAL LATERAL NA BOLA SUÍÇA

Deite-se em decúbito lateral na bola suíça, com os pés firmemente apoiados no chão. Coloque as pontas dos dedos nas têmporas, com os cotovelos na linha do seu corpo, e abaixe o cotovelo o máximo possível, sem ficar desconfortável. Continue pressionando as têmporas com as pontas dos dedos e levante o cotovelo de cima, para que o seu tronco flexione o máximo possível para o lado. Contraia os oblíquos e, depois, volte à posição inicial. Depois de realizar o número de repetições desejado, repita no lado oposto.

ABDOMINAL COM ROTAÇÃO NA BOLA SUÍÇA

Sente-se em uma bola suíça, com seus pés afastados na largura dos ombros. Mova seus pés para a frente, até que a lombar esteja apoiada firmemente. Ponha as mãos sobre o peito e coloque a parte superior das costas e os ombros na bola. Flexione o tronco o máximo possível sem ficar desconfortável, rotacionando o tronco. Retorne, contraindo os abdominais. Continue até o número desejado de repetições, trocando os lados em cada repetição.

PONTE SOBRE OS OMBROS NA BOLA SUÍÇA

Deite-se em decúbito dorsal, com as palmas das mãos para baixo, ao lado do corpo, joelhos flexionados em um ângulo de 90 graus, com os calcanhares em uma bola suíça. Mantendo as costas alinhadas, eleve os quadris do chão. Suas costas e suas coxas devem formar uma linha reta na parte superior do movimento. Contraia os glúteos e, depois, volte à posição inicial.

Variação

Ponte sobre os ombros na bola suíça com flexão de pernas: na posição de ponte, flexione os joelhos, para levar a bola em direção ao corpo. Faça uma flexão dorsal dos tornozelos ao longo do movimento, para manter os calcanhares pressionados contra a superfície superior da bola.

RUSSIAN TWIST

Sente-se no chão, com seu corpo formando um ângulo de, aproximadamente, 40 graus em relação ao solo e os joelhos flexionados. Mantenha os braços estendidos à sua frente, com as palmas da mão para dentro e o *core* paralelo ao solo. Com a parte inferior do seu corpo estável, vire os ombros para um lado enquanto os pés permanecem no chão. Gire de volta para o centro e repita do outro lado. Continue até o número desejado de repetições, alternando os lados em cada repetição.

FLEXÃO LATERAL COM HALTERES

Segure dois halteres e deixe-os posicionados ao lado do corpo, com as palmas das mãos voltadas para o seu corpo. Afaste os pés na linha dos ombros, flexionando ligeiramente os joelhos. Mantendo o *core* ativo, incline o tronco para a esquerda o máximo possível, até o limite do conforto. Contraia os oblíquos e, depois, retorne à posição inicial. Repita no lado direito; em seguida, alterne os lados, até atingir o número desejado de repetições.

ROLAGEM DA BARRA

Coloque um par de anilhas pequenas (2 quilogramas mais ou menos) nas extremidades de uma barra. Segure no meio da barra com uma pegada pronada na linha dos ombros e ajoelhe-se, para que seus ombros fiquem diretamente sobre a barra. A parte superior das suas costas deve estar ligeiramente arqueada, com a região lombar o mais longe possível do chão. Mantendo os joelhos estabilizados e os braços estendidos, role a barra para a frente o máximo possível, sem permitir o contato do seu corpo com o chão. Inverta a direção, ativando vigorosamente o abdome, retornando à posição inicial. Repita o exercício até o número desejado de repetições.

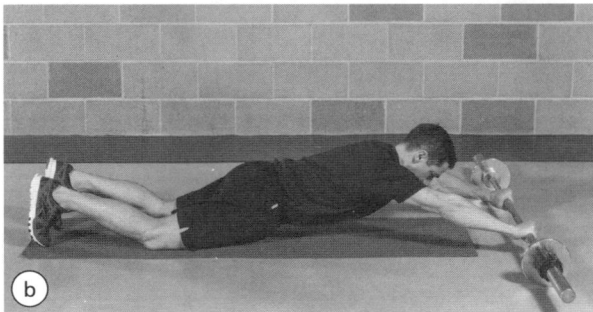

WALKOUT PARA A FRENTE, PARA TRÁS OU PARA OS LADOS COM FAIXA DE RESISTÊNCIA

Prenda ambas as extremidades de uma faixa de resistência em um ponto fixo. Coloque a faixa ao redor da parte superior do tórax ou segure a faixa com as duas mãos à frente do peito ou acima da cabeça, para maior demanda de estabilização. Mantendo o equilíbrio, afaste-se da coluna de 1,5 a 3 metros, até chegar ao nível desejado de tensão. Use os músculos abdominais para manter uma postura ereta e equilibrada ao longo do exercício.

Variação

Walkout **com faixa de resistência com suporte:** quando alcançar a posição *walkout*, mantenha-a por um período de 30 a 90 segundos.

ABDOMINAL EM POLIA ALTA

Ajoelhe-se de frente para um aparelho de polia alta, sentado sobre os calcanhares. Segure as extremidades da corda amarrada à polia e mantenha os cotovelos em direção às orelhas, com o tronco alinhado. Mantendo a parte inferior das suas costas imóvel, flexione lentamente seus ombros para baixo, trazendo seus cotovelos em direção aos joelhos. Contraia o abdome; depois, retorne lentamente à posição inicial. Repita o exercício até o número desejado de repetições.

ABDOMINAL COM ROTAÇÃO EM POLIA ALTA

Ajoelhe-se de frente para um aparelho de polia alta, sentado sobre os calcanhares. Segure as extremidades da corda amarrada à polia e mantenha os cotovelos na direção das orelhas, com o tronco alinhado. Mantendo a parte inferior das costas estabilizada, flexione lentamente seus ombros para baixo, rotacionando o corpo para a esquerda conforme traz os cotovelos em direção aos joelhos. Contraia o abdome; depois, retorne lentamente à posição inicial. Continue até o número desejado de repetições, trocando os lados em cada repetição.

FLEXÃO LATERAL COM CABO

Com a mão direita, segure uma alça presa à polia na parte de baixo de uma máquina multifunções. Com seu lado direito virado para a máquina, afaste-se um passo dela, de modo que haja tensão no cabo. Mantenha os pés afastados na linha dos ombros e o tronco alinhado, com os joelhos ligeiramente flexionados. Mantendo o *core* ativado, incline o tronco para a esquerda o máximo possível, até o limite do conforto. Contraia os oblíquos e, depois, volte à posição inicial. Após completar o número desejado de repetições, repita do lado oposto.

LENHADOR BAIXO-ALTO COM CORDA

Segure a extremidade de uma corda presa à polia na parte de baixo de uma máquina multifunções. Mantenha os pés separados na linha dos ombros, com o corpo alinhado e os joelhos levemente flexionados. Posicione o corpo de modo que o lado direito fique virado para a máquina e estenda os braços para a direita o máximo possível, até o limite do conforto. Mantendo a parte inferior do seu corpo estável, puxe a corda para cima e para a esquerda, em um movimento semelhante ao corte de lenha. Contraia os oblíquos e, depois, volte à posição inicial. Depois de completar o número desejado de repetições, repita no lado oposto.

LENHADOR ALTO-BAIXO COM CORDA

Segure a extremidade de uma corda presa à polia alta de uma máquina multifunções. Mantenha os pés separados na linha dos ombros, com o corpo alinhado e os joelhos levemente flexionados. Posicione o corpo de modo que o lado direito fique virado para a máquina e estenda os braços para a direita o máximo possível, até o limite do conforto. Mantendo a parte inferior do seu corpo estável, puxe a corda para baixo e para a esquerda, em um movimento semelhante ao corte de lenha. Contraia os oblíquos e, depois, volte até a posição inicial. Após completar o número desejado de repetições, repita no lado oposto.

ROTAÇÃO DO TRONCO COM CORDA

Ajuste um cabo com uma única alça conectado um pouco abaixo da altura dos ombros. Fique do lado do cabo em uma posição com afastamento maior do que a do ombro, com os pés posicionados para fora. Segure a alça com a mão de dentro (mais próxima do cabo) na parte inferior e a mão de fora na parte superior, com os dedos atados sobre as articulações da mão inferior. Mantendo os músculos abdominais contraídos, puxe o cabo para o lado diretamente à frente do corpo (cotovelos flexionados para menor intensidade ou estendidos longe do corpo para maior intensidade). Rotacione o tronco, afastando-se da coluna do cabo e, em seguida, retorne lentamente à posição original. Repita até o número desejado de rotações e, depois, troque de lado.

ELEVAÇÃO LATERAL DE PERNAS

Deite-se em decúbito lateral (lado direito) com os pés juntos. Coloque o braço direito sob sua cabeça e apoie a cabeça no braço, como um travesseiro. Mantenha o braço esquerdo à sua frente, com a mão esquerda no chão, para estabilizar. Levante, simultaneamente, ambas as pernas o máximo possível, mantendo a estabilidade do tronco. Contraia os oblíquos e, depois, retorne à posição inicial. Repita o exercício até o número desejado de repetições.

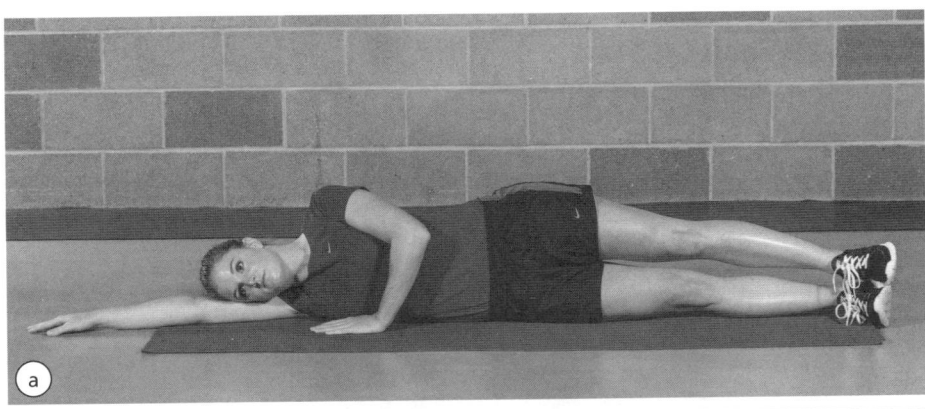

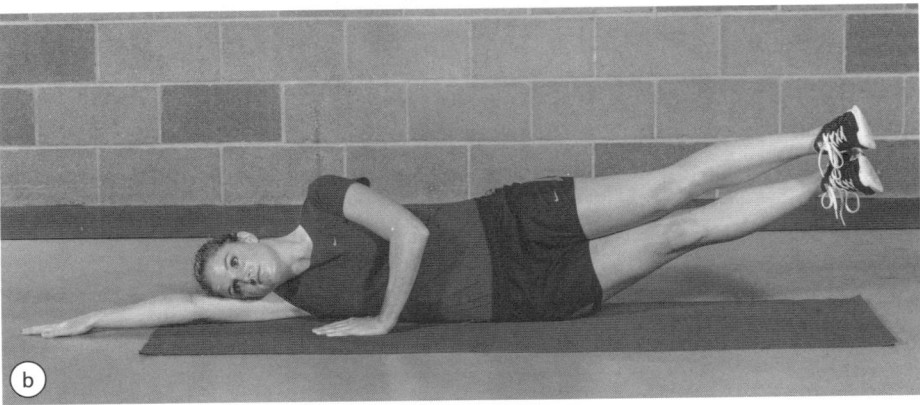

CORTE DIAGONAL COM ANILHA

O corte diagonal com anilha utiliza toda a musculatura do *core*, principalmente os oblíquos, os quadríceps e os isquiotibiais. Fique em pé, com boa postura, segurando uma anilha com as duas mãos, com os braços estendidos sobre o ombro direito. Com um movimento, mantendo a postura com as costas retas e os braços estendidos, agache e gire os ombros até a parte externa do tornozelo esquerdo; depois, volte à posição inicial. Faça o exercício até alcançar o número desejado de repetições ou complete tantas repetições quanto possível por 30 segundos em cada lado do corpo, sem perder a postura. Complete todas as repetições de um lado de cada vez antes de trocar de lado.

Variação

Corte na diagonal com *medicine ball*: faça esse exercício usando uma *medicine ball* em vez de uma anilha.

LENHADOR

Em pé, com os pés separados na largura dos ombros, segurando uma *medicine ball* acima da cabeça. Flexione para a frente e leve a bola até abaixo dos joelhos. Traga a bola de volta acima da cabeça. Flexione a coluna lateralmente, mantendo a cabeça alinhada com o corpo; depois, mova a bola ao longo do corpo para baixo, em direção ao tornozelo oposto. Traga a bola de volta por cima da cabeça. Flexione para o outro lado, mantendo a cabeça alinhada com o corpo; depois, mova a bola ao longo do corpo para baixo, em direção ao tornozelo oposto.

BATIDA DE PERNAS

A batida de pernas é um exercício que tem como alvos principais os músculos abdominais e os flexores do quadril. Deite-se em decúbito dorsal; contraia os músculos abdominais, de forma que a parte inferior das costas esteja reta no chão e as escápulas permaneçam no solo. Levante as duas pernas do chão e, alternadamente, leve-as para cima e para baixo, em um ritmo controlado, movendo-se a partir dos quadris, não a partir dos joelhos. Faça o exercício até o número desejado de repetições ou complete tantas repetições quanto possível por 60 a 90 segundos, mantendo boa postura.

ALONGAMENTO DO FLEXOR DO QUADRIL COM ROTAÇÃO DO TRONCO

Fique em posição semiajoelhada, com o joelho direito para baixo e o pé esquerdo para fora, à frente do joelho direito. Usando uma bola suíça para apoio e equilíbrio, mova lentamente a pelve para a frente, sem arquear as costas. Uma boa dica para esse movimento para a frente é sentir a região da "fivela do cinto" movendo-se para cima em direção à caixa torácica. No ponto final do movimento, estenda o braço direito acima da cabeça; depois, incline-se lentamente para o lado esquerdo, mantendo o alinhamento corporal, sem se mover para a frente ou para trás. Deixe a mão esquerda em contato com a bola suíça o tempo todo, para manter o equilíbrio e a postura em uma posição neutra. Mantenha a posição por 30 a 90 segundos e repita do outro lado. Faça o exercício de maneira lenta e controlada, evitando chegar a sentir dor ou desconforto.

ESTRELA DO MAR COM FAIXA DE RESISTÊNCIA

Prenda a extremidade de uma faixa de resistência em torno dos pés e coloque o elástico em torno das mãos. Deite-se em decúbito dorsal. Estenda as mãos para cima e para fora sobre a cabeça, com uma pegada ampla. Levante lentamente o joelho direito para o lado, mantendo a perna perto do chão, e gire o pé para fora, de modo que o peito do pé fique para cima. Em seguida, estenda e gire a perna direita por cima do corpo, virando o peito do pé para o chão conforme o pé cruza a linha média. Certifique-se de que a perna esquerda permaneça estendida, com os dedos apontando para cima. Volte à posição inicial e repita até o número desejado de repetições. Repita do outro lado.

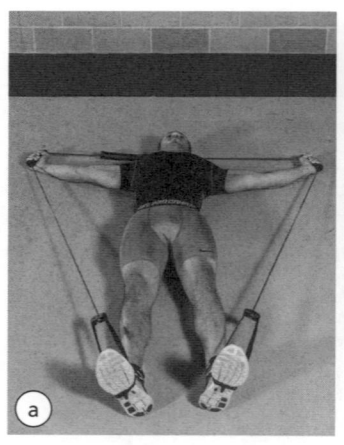 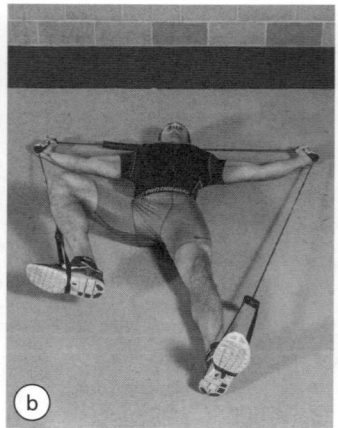 

CAIXA TORÁCICA "LIVRO ABERTO"

Deite-se em decúbito lateral e flexione o joelho que está por cima. Coloque a mão que está no lado de baixo no joelho que está em cima, para evitar que os joelhos girem. Em seguida, coloque a mão que está acima na parte de baixo da caixa torácica, posicionando-a sobre as costelas. Gire lentamente o tronco para cima, usando a mão que está por cima para ajudar e a mão que está por baixo para resistir à rotação na parte inferior do corpo. Mantenha a posição por duas ou três respirações. Execute o número desejado de repetições e repita do outro lado.

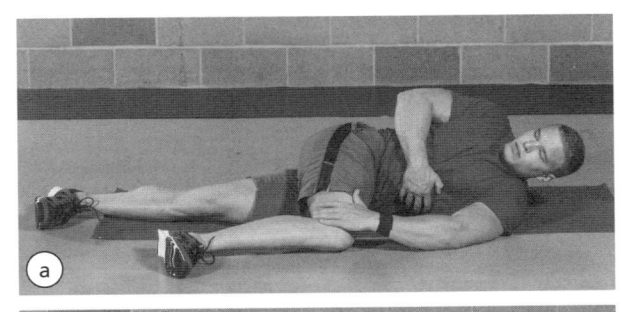

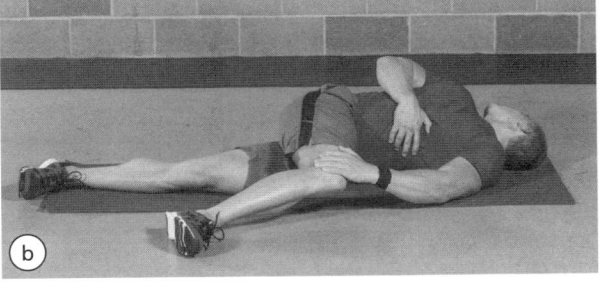

NADADOR

O exercício nadador ativa os músculos do *core* do abdome (transverso e reto do abdome) e da parte inferior das costas (eretor da espinha). Deite-se em decúbito ventral; contraia os músculos abdominais e das costas, para elevar os ombros e as pernas do chão. Mantenha a contração enquanto eleva os braços e as pernas, ao mesmo tempo e de forma contínua, até o número desejado de repetições ou por um determinado período de tempo (de 30 a 60 segundos).

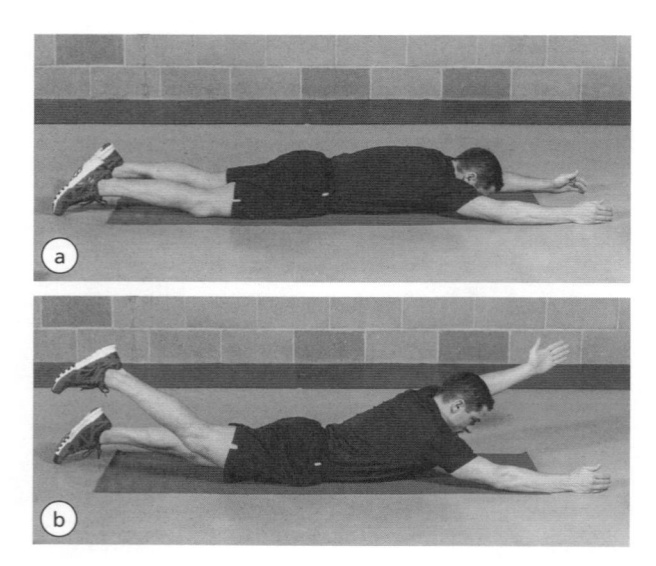

ELEVAÇÃO DE JOELHOS EM SUSPENSÃO

A elevação de joelhos em suspensão ativa os abdominais (transverso e reto do abdome) e os músculos inferiores das costas (eretores da espinha) para fortalecer o *core*. Pendure-se em um objeto alto o suficiente para que o corpo esteja totalmente alongado e os pés não toquem o chão. Contraia os músculos abdominais, eleve lentamente os joelhos até o peito, faça uma breve pausa e, em seguida, abaixe lentamente as pernas até a posição inicial e repita, mantendo os músculos abdominais contraídos. O movimento deve ser feito com controle, para que o corpo não balance. Repita o exercício até o número desejado de repetições ou por um período determinado de tempo (de 30 a 60 segundos).

Variação
Elevação de pernas estendidas em suspensão: faça o mesmo exercício, mas mantenha as pernas estendidas ao levantá-las e abaixá-las.

ELEVAÇÃO DE JOELHOS EM SUSPENSÃO COM ROTAÇÃO

Comece se pendurando em uma barra fixa. Flexione os quadris e os joelhos em 90 graus, mantenha a posição por 1 ou 2 segundos e, depois, retorne para a posição inicial. Repita o movimento, mas, dessa vez, rotacione ligeiramente o tronco para a direita enquanto flexiona os quadris e os joelhos. Mantenha a posição novamente por 1 ou 2 segundos, depois, volte à posição inicial. Repita, dessa vez, girando o tronco levemente para a esquerda enquanto flexiona os quadris e os joelhos. Mantenha a posição mais uma vez por 1 ou 2 segundos; depois, volte para a posição inicial. Repita a sequência inteira até o número desejado de repetições.

SAMURAI TRÊS PONTOS

Amarre duas faixas elásticas em um ponto fixo ou em outro equipamento que não se moverá. Certifique-se de que a faixa está fixada ao equipamento aproximadamente na mesma altura de seu peitoral. Segure o interior da faixa na ponta oposta ao equipamento. Coloque uma mão sobre a outra e fique voltado para uma direção que posicione a faixa em um ângulo direito em relação a seu tronco. Mantenha as mãos perto da linha média do tronco e mova-se lateralmente para longe da gaiola de força, para esticar a faixa e aumentar a tensão. Comece o exercício estendendo os braços e movendo as mãos para longe do tronco, até que os cotovelos estejam estendidos em cerca de 45 graus. Mantenha essa posição por 3 segundos e, depois, continue a estender os cotovelos e a mover as mãos para fora, até que os cotovelos estejam totalmente bloqueados. Sustente essa posição por 3 segundos e, depois, volte à posição de 45 graus de flexão do cotovelo. Mantenha essa posição por 3 segundos; depois, volte à posição inicial. Repita a sequência inteira até o número desejado de repetições.

BATIDA DE PERNAS EM TESOURA

Deitado em decúbito dorsal no solo, contraia os músculos abdominais, elevando as pernas e os ombros do chão. As pernas permanecem em linha reta e devem ser erguidas dos quadris, movendo-se pelo centro do corpo e cruzando como uma tesoura. Mova-se continuamente, mantendo a forma adequada, até o número desejado de repetições ou até o tempo especificado.

ABDOMINAL EM V COM ANILHA

O abdominal em V com peso é usado para ativar o abdome em movimentos de flexão. Deite-se no chão, em decúbito dorsal, segurando uma anilha leve ou uma *medicine ball* com as duas mãos (de 2,3 a 4,5 quilogramas). Flexione os quadris, mantendo os braços e as pernas retas, elevando o tronco e as pernas do chão, para que se encontrem no meio, e ative os glúteos. Abaixe o tronco e as pernas lentamente e toque as escápulas no chão levemente, sem deixar as pernas encostarem no chão. Repita tantas vezes quanto possível com boa postura, ou pelo número desejado de repetições, ou pelo tempo especificado.

SUPER-HOMEM

O exercício super-homem é usado para desenvolver força na região lombar, nos glúteos e nos isquiotibiais. Deite-se em decúbito ventral, com os braços estendidos à frente do corpo. Contraia os glúteos e os isquiotibiais, para elevar as pernas e os ombros do chão ao mesmo tempo. Mantenha a posição por um segundo e, depois, abaixe lentamente os braços e as pernas até o chão. Toque levemente os dedos dos pés e os braços no chão e repita até o número desejado de repetições ou até o tempo especificado.

ABDOMINAL CANIVETE

O abdominal canivete é um exercício de fortalecimento do *core* semelhante ao abdominal em V, com a diferença de alternar os braços e as pernas. Deite em decúbito dorsal, com braços e pernas estendidos. Levante os ombros e uma perna do chão, com uma pequena rotação, para que o braço estendido e a perna oposta se aproximem. Alterne os lados e faça tantas repetições quanto possível, até alcançar o número desejado de repetições ou atingir o tempo determinado.

LEG LOWER

O *leg lower* é um exercício eficaz para fortalecer a musculatura do *core* dos abdominais e flexores do quadril. Deite-se em decúbito dorsal, com as pernas estendidas e os braços no chão, debaixo dos quadris ou posicionados nas laterais deles. Contraia os músculos abdominais, de forma que a parte inferior das costas fique reta no chão, e levante as pernas do chão. Eleve as pernas até um ângulo de, aproximadamente, 45 graus e, depois, abaixe-as lentamente. Mantenha a região lombar no chão, durante todo o movimento. À medida que as pernas se aproximam do solo, a lombar pode começar a formar um arco com o chão. Não abaixe as pernas além do ponto no qual isso começar a acontecer. Eleve as pernas e repita o exercício até o número desejado de repetições ou até o tempo especificado.

Variação

Este exercício pode ser feito trabalhando uma perna de cada vez ou ambas ao mesmo tempo.

8

O 8 é um exercício do *core* que visa especificamente aos oblíquos. Deite-se em um banco com os quadris para fora, de modo que as pernas fiquem penduradas fora do banco. Contraia os músculos abdominais e tire as pernas do chão; mantenha-as para cima em um ângulo, com a parte inferior das costas firmemente encostada no banco. Mova as duas pernas juntas, formando um "oito" nos dois sentidos. Repita o exercício até o número desejado de repetições.

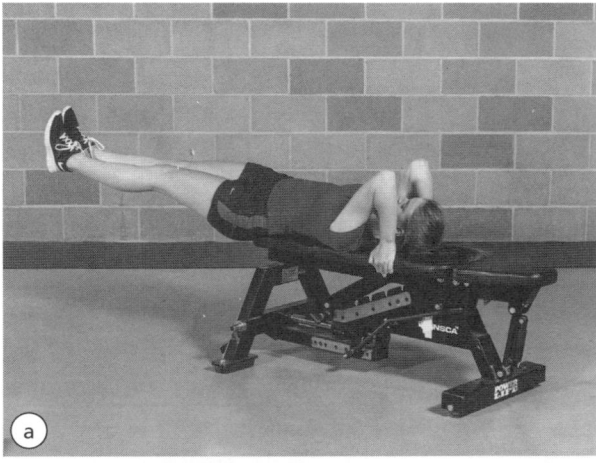

DEAD BUG

O *dead bug* é um exercício abdominal para fortalecer o movimento de flexão. Deite-se em decúbito dorsal, com a parte inferior das costas encostada no solo. Estenda os braços acima dos ombros e levante as pernas do chão, com os quadris e os joelhos flexionados em 90 graus. Estenda lentamente as pernas para baixo e os braços para baixo, em direção ao chão, ao mesmo tempo, enquanto a lombar permanece firme no chão. Alongue o corpo o máximo possível, sem perder o contato com o chão. Puxe lentamente ambos de volta para o centro e repita o exercício até o número desejado de repetições.

EXTENSÃO/HIPEREXTENSÃO DE COSTAS

Ajuste o banco de modo que as coxas fiquem encostadas na almofada dianteira, com os quadris posicionados ligeiramente para fora da borda dianteira da almofada. Comece com as pernas ligeiramente flexionadas e os braços cruzados sobre o peito. Estenda-se na altura dos quadris, levante o tronco, até que os ombros estejam na mesma altura dos quadris. Retorne à posição inicial. Repita o exercício até o número desejado de repetições.

Variação

Hiperextensão estática: comece na posição estendida, com os ombros na mesma altura dos quadris; mantenha por alguns segundos.

ABDOMINAL COMPLETO

Na posição inicial, os joelhos devem ser flexionados, para que os pés fiquem apoiados no chão. Os braços devem estar cruzados sobre o peito, de modo que cada mão esteja colocada sobre o ombro oposto. Comece o movimento elevando os ombros do chão e continue até alcançar uma posição sentada. Mantenha os pés apoiados no chão e os quadris em contato com o solo o tempo todo. Volte para a posição inicial sob controle. Repita o exercício até o número desejado de repetições.

AGACHAMENTO DE ARRANCO

Usando barra, halteres, *medicine ball* ou qualquer outra forma de resistência, eleve o peso sobre a cabeça, até que os braços estejam retos e os cotovelos, completamente estendidos. Se estiver usando uma barra para fazer resistência, as mãos devem segurá-la em uma largura um pouco maior do que a dos ombros. Os pés devem estar um pouco mais afastados do que a largura dos quadris. Mantendo a barra diretamente acima da cabeça, incline os quadris para trás e flexione os joelhos, para agachar até a altura desejada. Mantenha as costas retas durante o movimento e a barra, diretamente acima da cabeça, de modo que, no ponto inferior do agachamento, observando lateralmente, uma linha imaginária vertical se estenda desde a ponta da barra até o meio dos pés.

AGACHAMENTO BÚLGARO

Usando barra, halteres, *medicine ball* ou qualquer outra forma de resistência, inicie com a posição de afundo, com um pé para a frente e outro pé para trás. Se estiver usando uma barra, as mãos devem segurá-la em uma largura um pouco maior que a dos ombros, e a barra deve inicialmente ser colocada atrás da cabeça, na parte superior do músculo trapézio, como na posição inicial para um agachamento. Uma vez em posição de afundo, eleve o peso sobre a cabeça com os braços retos e os cotovelos completamente estendidos. Com o peso sobre a cabeça e mantendo os pés em posição de afundo, flexione e estenda o quadril e o joelho que está à frente, como se estivesse fazendo um agachamento em uma única perna. O corpo deve mover-se em linha reta para baixo a cada repetição, mantendo a postura de afundo com um pé à frente e o outro atrás. Repita o exercício até o número desejado de repetições e, depois, troque os lados, para fazer um número igual de repetições com a perna oposta à frente.

ARREMESSO DE *MEDICINE BALL* COM A MÃO POR BAIXO

Segure uma *medicine ball* com ambas as mãos entre as pernas, em posição de agachamento. Mova-se para cima com as pernas, jogando a bola para a frente e para cima conforme você salta. Repita o exercício até o número desejado de repetições.

ARREMESSO DE *MEDICINE BALL* – MOVIMENTO CONTRÁRIO COM A MÃO POR BAIXO

Comece segurando a *medicine ball* com ambas as mãos sobre a cabeça, com os pés separados, aproximadamente, na distância dos ombros. Balance a *medicine ball* para baixo entre as pernas, em posição de agachamento. Salte, jogando a bola para a frente e para cima conforme você pula. Repita o exercício até o número desejado de repetições.

ARREMESSO DE *MEDICINE BALL* DE COSTAS

Segure uma *medicine ball* com ambas as mãos entre as pernas, em posição de agachamento. Salte, jogando a bola por sobre a cabeça e para trás enquanto você pula. Repita o exercício até o número desejado de repetições.

PULLOVER COM MEDICINE BALL

Deite-se em decúbito dorsal, com as pernas flexionadas, de modo que os pés fiquem apoiados no chão. Segurando uma *medicine ball* com os braços estendidos sobre a cabeça, faça um abdominal, arremessando a bola contra uma parede ou para um parceiro conforme você executa o movimento. Ative o tronco, usando ação do abdome para criar impulso para lançar a bola. Repita o exercício até o número desejado de repetições.

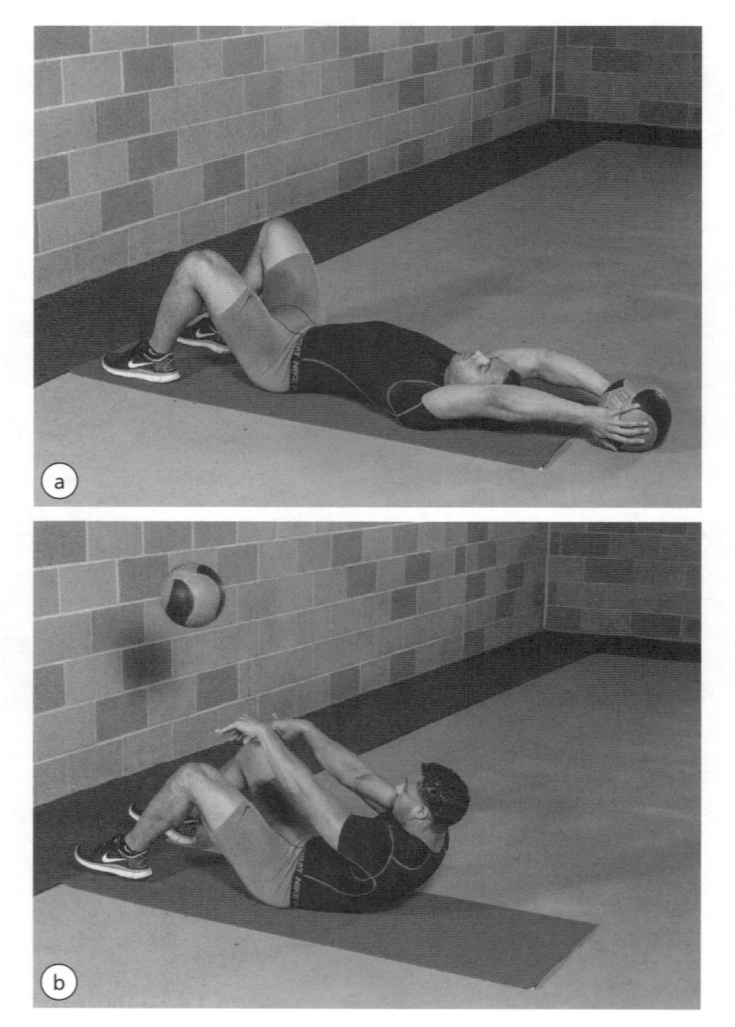

ARREMESSO DE *MEDICINE BALL* COM ROTAÇÃO

Fique em pé, com os ombros e os quadris paralelos a uma parede ou a um parceiro. Segurando uma *medicine ball* em frente ao corpo com as duas mãos na altura do umbigo, flexione o tronco para a esquerda, levando a bola para o quadril esquerdo. Depois, inverta as direções rapidamente, jogando a bola para o companheiro ou na parede. Repita o exercício até o número desejado de repetições e, depois, repita do lado oposto.

(continua)

Arremesso de *medicine ball* com rotação (*continuação*)

Variação

Arremesso de *medicine ball* com rotação – Postura lateral: fique em agachamento lateral perpendicular à parede ou ao parceiro para o qual você está arremessando a *medicine ball*, segurando a bola com as duas mãos. Rotacione para a esquerda, levando a bola para o quadril esquerdo. Depois, inverta as direções rapidamente, jogando a bola para um companheiro ou para a parede.

ARREMESSO UNILATERAL
DE *MEDICINE BALL*

Fique em pé, perpendicularmente à parede ou ao parceiro para o qual você está arremessando a *medicine ball*. Rotacione o tronco o máximo que puder e arremesse a *medicine ball* com força para a parede ou o parceiro. Repita do outro lado.

AFUNDO CAMINHANDO COM *MEDICINE BALL* E ROTAÇÃO DE TRONCO

Fique em pé, segurando uma *medicine ball* à sua frente, na altura dos músculos abdominais. Dê um passo à frente, em posição de afundo; depois, flexione o quadril e o joelho, até que a coxa esteja paralela ao solo. Conforme você faz a posição de afundo, rotacione o tronco (segurando a bola) para o lado da perna que está à frente; por exemplo, ao avançar com o pé esquerdo, o tronco deve rotacionar para a esquerda. Depois, levante-se para estender o quadril e o joelho e ficar com a postura ereta, com o tronco para a frente. Dê um passo à frente com o pé oposto e repita a sequência (com a perna direita, e rotacione o tronco para a direita); a sequência deve ocorrer continuamente, em um movimento tal qual uma caminhada, com cada perna se alternando como a perna dianteira. Sugere-se uma distância de 9 a 18 metros para cada série.

ARREMESSO DE *MEDICINE BALL* ACIMA DA CABEÇA

Fique em pé, com os pés separados na largura dos quadris, e segure uma *medicine ball* sobre a cabeça, com os cotovelos ligeiramente flexionados. Dê um passo para a frente e, simultaneamente, arremesse a *medicine ball* na direção pretendida. Repita o exercício até o número desejado de repetições.

ARREMESSO DE *MEDICINE BALL* COM PASSO CRUZADO

Segurando uma *medicine ball* com ambas as mãos, corra rápido na direção de uma parede ou de um parceiro a, aproximadamente, 6 metros de distância, execute um passo cruzado e arremesse a *medicine ball* sobre a cabeça, com a maior intensidade possível, em direção à parede ou ao parceiro (que deve seguir os mesmos passos para devolver o arremesso).

PASSE DE PEITO SENTADO COM *MEDICINE BALL*

Sentado no chão com o tronco em um ângulo de, aproximadamente, 45 graus, os joelhos flexionados e os pés apoiados no chão, segure uma *medicine ball* na altura do peito. Jogue a *medicine ball* para a frente o mais longe possível em uma parede ou para o parceiro. Repita o exercício até alcançar o número desejado de repetições.

ROTAÇÃO SENTADO COM
MEDICINE BALL

Sentado, segure uma *medicine ball* na altura do peito e gire de lado a lado, até o número desejado de repetições.

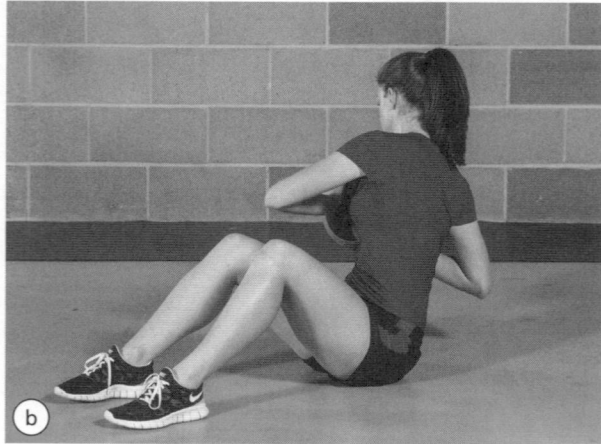

ROTAÇÃO DE LADO A LADO

Fique em pé, com os pés separados na largura dos ombros, os braços estendidos e as mãos juntas na linha do abdome. Rotacione para um lado, mantendo a cabeça alinhada com o tronco. Rotacione para o outro lado. Repita o exercício até alcançar o número desejado de repetições.

Variação

Acrescente resistência no exercício segurando uma *medicine ball* com os braços estendidos conforme você flexiona para cada lado.

8 SENTADO COM *MEDICINE BALL*

Sentado, segure uma *medicine ball* à frente do corpo, com os braços retos. Mova a *medicine ball* dinamicamente, formando um grande "oito". Repita o exercício até alcançar o número desejado de repetições.

ROTAÇÃO DO TRONCO SENTADO COM *MEDICINE BALL*

Sentado, rotacione para um lado para colocar uma *medicine ball* nas suas costas. Rotacione para o lado oposto para pegá-la. Repita o exercício até o número desejado de repetições; depois, troque de lado e faça o mesmo número de repetições.

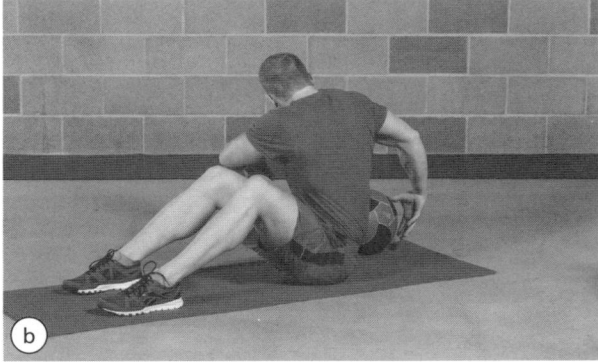

AFUNDO E 8 COM *MEDICINE BALL*

Fique em uma posição de afundo, segurando a *medicine ball* perto do ombro que está para trás. Mova a *medicine ball*, formando um grande "oito" com os braços totalmente estendidos, girando a bola por cima da perna da frente. Volte para a posição inicial; repita no lado oposto.

Variação
Afundo e 8 com arremesso de *medicine ball*: após formar um "oito", jogue a bola no chão e repita do lado oposto.

8 EM PÉ COM *MEDICINE BALL*

Em pé, segure uma *medicine ball* à frente do corpo, com os braços em linha reta. Mova a *medicine ball* dinamicamente, formando um grande "oito".

ROTAÇÃO RÁPIDA DE *MEDICINE BALL* COM PARCEIRO

Em pé, de costas para o parceiro 2, o parceiro 1 passa a *medicine ball* para as mãos do parceiro 2, que devem estar estendidas para os lados, na linha dos ombros. O parceiro 2 pega a *medicine ball*, rotaciona de forma explosiva na direção oposta e joga a *medicine ball* de volta para o parceiro 1, que estende as mãos para o lado na altura dos ombros, preparando-se para pegar a bola. Os parceiros continuam lançando a bola, rotacionando e recebendo a bola em um ritmo rápido.

ARREMESSO DE *MEDICINE BALL* NA PAREDE COM ROTAÇÃO

Segure uma *medicine ball* à frente do tronco na linha dos músculos abdominais. Mantenha postura atlética, com as costas a uma distância de cerca de 15 a 30 centímetros da parede. Os quadris e os joelhos devem estar ligeiramente flexionados, com as costas retas e os abdominais acionados durante todo o movimento; os pés devem estar um pouco mais afastados que a largura dos quadris e levemente voltados para fora. Rotacione o tronco para o lado, para devolver a bola para a parede, e, em seguida, pegue a bola e use o impulso para rotacionar o tronco e devolver a bola para a parede no lado oposto. Mantenha o padrão de rotação do tronco quando saltar e pegar a bola em lados opostos; continue o exercício por 10 a 30 segundos.

ARREMESSO DE *MEDICINE BALL* NO CHÃO

O arremesso de *medicine ball* no chão é um exercício usado para desenvolver força e potência nos músculos abdominais. Segure uma *medicine ball* com as duas mãos acima da cabeça e coloque os braços ao lado das orelhas. Arremesse a *medicine ball* com força no chão à sua frente (não se esqueça de jogar a bola suficientemente para a frente, de modo que ela não volte e atinja seu rosto), pegue a bola no caminho para cima e volte à posição inicial. Esse movimento deve ser iniciado no tronco, e não nos braços. Repita o exercício até alcançar o número desejado de repetições.

ARREMESSO DE *MEDICINE BALL* NO CHÃO COM ROTAÇÃO

Segure a *medicine ball* acima da cabeça, com os braços ao lado das orelhas. Rotacionando os quadris, arremesse a *medicine ball* com força no chão em frente do corpo (não se esqueça de jogar a bola suficientemente para a frente, de modo que ela não volte e atinja seu rosto), pegue a bola no caminho para cima e volte para a posição inicial. Esse movimento deve ser iniciado pelo tronco, e não pelos braços. Repita o exercício até alcançar o número desejado de repetições.

ROTAÇÃO COM BARRA INCLINADA

Usando um dispositivo adequado para fixar a extremidade de uma barra ao solo (como um articulador de barra), comece colocando a extremidade da barra no encaixe do equipamento. No lado oposto da barra, coloque uma anilha de 11 a 20 quilogramas. Mantenha boa postura. Com uma pegada pronada, segure as alças e levante a extremidade da anilha até a altura do ombro. Estenda os braços e flexione os ombros, pressionando a barra para a frente. Ao mesmo tempo que gira sobre o pé que está atrás, rotacione a barra em direção ao quadril oposto e volte à posição inicial. Repita essa ação do lado oposto.

LEVANTAMENTO TERRA COM BARRA INCLINADA

Usando um dispositivo adequado para fixar a extremidade de uma barra ao solo (como um articulador de barra), comece colocando a extremidade da barra no encaixe do equipamento. No lado oposto da barra, coloque uma anilha de 11 a 20 quilogramas. Fique em posição atlética ao lado da barra, em sua extremidade, e, depois, agache e segure a barra. Mantendo a barra perto do corpo, levante-a por meio da extensão completa e simultânea dos quadris e dos joelhos, girando sobre a perna que está atrás e pressionando a barra para a frente em direção ao canto. Depois de ter feito o número desejado de repetições, repita essa ação da mesma forma no lado oposto.

REMADA SUSPENSA

Este exercício é feito usando um dispositivo de suspensão preso em um ponto fixo sobre a cabeça. Em pé, segure duas alças de suspensão diretamente sobre as articulações dos ombros; os joelhos devem estar flexionados, e os pés, planos. Em seguida, faça força em direção ao chão com os calcanhares, para elevar os quadris até o ponto em que, de uma vista lateral, uma linha diagonal imaginária se estende desde os joelhos até os ombros. Puxe o corpo para cima, deslocando os cotovelos para trás e para os lados corpo, enquanto mantém alinhamento postural perfeito; mantenha a posição por um segundo e, depois, abaixe lentamente de volta ao ponto de partida. Os quadris devem permanecer completamente estendidos durante o movimento.

BULLY

Comece em posição atlética e estenda os braços para a frente enquanto segura uma anilha ou *medicine ball* de 2,3 a 4,5 quilogramas. Seu parceiro vai pressionar levemente o peso enquanto você tenta contrair os músculos do *core* para resistir a esse movimento. Este exercício pode ser realizado resistindo ao seu parceiro por um determinado período de tempo ou um número específico de repetições.

IMPULSO NA PLATAFORMA DESLIZANTE

Comece com as mãos na borda de uma plataforma deslizante ou ligeiramente para fora dela, com os braços totalmente estendidos e o corpo em uma posição de ponte, com os tornozelos em dorsiflexão. Em um único movimento controlado, com ambas as pernas, flexione quadris e joelhos; mantenha a posição por 3 segundos antes de voltar à posição inicial. Os tornozelos devem permanecer em dorsiflexão, e a trajetória do pé deve ser em linha reta; não deixe que os dedos deslizem ou que os calcanhares encostem no chão. Mantenha uma linha reta da cabeça aos tornozelos, com os ombros encaixados e as costas retas. Repita o exercício até alcançar o número desejado de repetições.

Variação

Impulso na plataforma deslizante em alta velocidade: depois de você ter dominado essa técnica e conseguir manter tanto a posição inicial como a ação, o próximo passo é um movimento mais rápido. Comece da mesma forma, mas execute a ação o mais rápido possível por toda a amplitude do movimento, retornando rapidamente à posição inicial.

ESCALADA NA PLATAFORMA DESLIZANTE

Comece com as mãos nas bordas de uma plataforma deslizante ou ligeiramente para fora dela, com os braços totalmente estendidos, o corpo em posição de ponte e os tornozelos em dorsiflexão. Deslize uma perna flexionando joelho e quadril, mantendo o lado oposto estendido. Mantenha a posição flexionada por um período predeterminado de tempo (5, 10, 15 ou 30 segundos) e, depois, deslize para trás até a posição inicial e repita com a perna oposta. Mantenha as costas retas durante o movimento. Mantenha ambos os tornozelos em dorsiflexão, os braços estendidos e o peito para cima. A flexão do quadril deve estar próxima da amplitude total do movimento a cada troca. Alterne de lado a lado, até alcançar o número desejado de repetições.

Variação
Escalada na plataforma deslizante em alta velocidade: passe de movimentos lentos para trocas mais rápidas e voltas rápidas do mesmo lado.

CAPÍTULO 5

Programa de treinamento do *core*

James Di Naso

O primeiro passo na concepção de um programa de treinamento para a musculatura do *core* é reconhecer as várias capacidades de movimento do tronco. Profissionais de força e condicionamento físico podem concentrar seus esforços em músculos individuais e em grupos musculares, como os músculos abdominais. No entanto, uma abordagem mais eficaz para o projeto do programa é pensar em termos de movimento. Quase todos os movimentos funcionais do tronco nas atividades da vida diária (AVDs) ou nos esportes são combinações ou variações de quatro padrões de movimentos básicos: flexão do tronco, extensão do tronco, rotação do tronco e flexão lateral do tronco.

Um programa de treinamento que tem como objetivo a musculatura do *core* deve incluir exercícios que requerem estabilização contra esses padrões ou movimento ao longo deles. Isso garante um desenvolvimento equilibrado de força e proporciona, até mesmo ao profissional ou praticante iniciante, a capacidade de criar programas eficazes.

A programação não será muito complicada ou difícil se alguns princípios básicos forem seguidos. Os seguintes temas serão discutidos detalhadamente para ajudar o profissional a criar programas de treinamento para a musculatura do *core*: simplificar o programa; incorporar exercícios estáticos e dinâmicos; passar de movimentos simples para mais complexos; incluir exercícios de cadeia aberta e fechada; periodizar esquemas de volume e carga; e usar vários implementos.

SIMPLIFIQUE

Comece treinando os quatro padrões básicos de movimento do tronco com exercícios dinâmicos ou estáticos. Os iniciantes fariam bem em incluir exercícios que treinam padrões de movimento básicos uniplanares. Exercícios uniplanares são geralmente fáceis de treinar e podem ser aprendidos e dominados facilmente pelo praticante. Exercícios como abdominal (flexão do tronco), hiperextensão/extensão de costas (extensão do tronco), *russian twist* (rotação do tronco) e inclinação lateral (flexão lateral) treinam adequadamente a musculatura do *core*. Consulte o Quadro 5.1 para conhecer outros exercícios uniplanares que poderiam ser incluídos em um programa de treinamento.

Quadro 5.1   Exercícios básicos

Padrão básico de movimento do *core*	Exercícios de força em uniplano		Variações estáticas/ isométricas	Exercícios de força em multiplano	
Flexão do tronco	Abdominal reverso	Abdominal canivete	*Walkout* para a frente com faixa de resistência	Abdominal com rotação na bola suíça	Elevação de joelhos em suspensão com rotação
Extensão do tronco	Hiperextensão/ Extensão de costas Levantamento na máquina de glúteos	*Bird dog*	Hiperextensão estática	Lenhador	Hiperextensão/ Extensão de costas com inclinação lateral
Rotação do tronco	*Russian twist*	Rotação sentado com *medicine ball*	Samurai três pontos	Lenhador	Elevação de joelhos em suspensão com rotação
Flexão lateral do tronco	Flexão lateral com halteres	Pêndulo reverso com *twister* na *medicine ball*	Ponte lateral	Abdominal com inclinação lateral com halteres	Lenhador

INCORPORE EXERCÍCIOS ESTÁTICOS E DINÂMICOS DO *CORE*

O condicionamento estático e dinâmico da musculatura do *core* é importante nas AVDs e nos esportes. A força estática da musculatura do *core* é necessária para estabilizar e manter uma posição específica do corpo, com o objetivo de empurrar ou puxar com os membros superiores. Por exemplo, manter o *core* treinado é necessário para colocar uma caixa pesada em uma prateleira de forma segura e eficiente ou defender uma posição no jogo de basquete.

Atividades que exigem condicionamento dinâmico da musculatura do *core* incluem, por exemplo, lançar uma bola de beisebol. O condicionamento completo da musculatura do *core* deve incluir a realização de exercícios multiplanares isométricos e dinâmicos. Músculos do *core* bem condicionados aumentam a habilidade na realização de movimentos complexos (multiarticulares), como agachamento e afundo, e podem diminuir as chances de lesão.

Nos casos em que os exercícios dinâmicos são contraindicados em razão de dor ou de lesão, podem ser aplicados exercícios do *core* estáticos, desde que não causem dor ou desconforto ao praticante. Por exemplo, uma pessoa que sente dor lombar durante um exercício de flexão lateral dinâmica do tronco, como inclinação lateral, pode treinar a mesma musculatura de forma isométrica.

Fazer um exercício estático, como o ponte lateral, treina os músculos envolvidos na flexão lateral sem movimento dinâmico e pode permitir ao praticante treinar sem sentir dor.

O Quadro 5.2 inclui exemplos de exercícios estáticos para fortalecer os músculos do *core* responsáveis pela estabilização contrária ou por meio dos quatro padrões básicos de movimento.

Quadro 5.2 Exercícios estáticos

Padrão de movimento do *core*	Exercício de exemplo
Flexão do tronco	*Walkout* para frente com faixa de resistência
Extensão do tronco	Hiperextensão estática
Rotação do tronco	Samurai três pontos
Flexão lateral do tronco	Ponte lateral

VÁ DO SIMPLES AO COMPLEXO

Os exercícios devem progredir do simples ao complexo conforme o corpo se adapta aos estímulos de treinamento. Em teoria, a ideia é tornar-se eficiente na execução de padrões básicos de movimento do tronco e, depois, progredir para movimentos mais complexos, que requerem mais habilidade. Quando se domina a realização de movimentos uniplanares, podem ser incorporados movimentos multiplanares no programa de treinamento.

Os padrões básicos de movimento do *core* de extensão e de rotação do tronco podem ser treinados de forma independente mediante a realização de hiperextensão e de arremesso de *medicine ball* na parede com rotação. Esses movimentos uniplanares devem ser dominados antes de avançar para exercícios multiplanares, como o lenhador, que incorpora simultaneamente tanto a extensão do tronco como a rotação.

A programação avançada pode incluir uma combinação de padrões de movimento do tronco com movimentos complexos adicionais.

INCLUA EXERCÍCIOS DE CADEIA ABERTA E FECHADA PARA O *CORE*

Um *exercício de cadeia fechada* é realizado com a extremidade distal do membro fixa, como em uma flexão, paralela, agachamento ou levantamento terra (Floyd, 2009). Vários exercícios de cadeia fechada para treinar a musculatura do *core* já foram mencionados. Exercícios como inclinação lateral, corte diagonal com anilha e *walkout* com faixa de resistência são todos excelentes movimentos de cadeia fechada.

A maioria dos movimentos nos esportes e nas AVDs envolve movimentos de cadeia fechada no solo, especialmente para os membros inferiores. Esportes como futebol americano, basquete, futebol, beisebol, atletismo, golfe e hóquei são bons exemplos. Esses esportes exigem que o corpo fique em várias posições e posturas. Recomenda-se variar ocasionalmente a posição em que o exercício é feito para simular melhor o tipo de posições que o praticante pode encontrar no cotidiano. No caso de um atleta, o professor/treinador pode pedir que ele faça exercícios musculares do *core* em uma posição que simule as posturas reais e as posições do pé comuns em um determinado esporte.

Para exercícios no solo, uma variedade de posições podem ser usadas para aumentar o nível de dificuldade e estimular uma maior ativação da musculatura do *core*. Há três posições básicas que podem ser alteradas para variar o nível de dificuldade: a de agachamento, a de afundo e a de única perna.

O nível de dificuldade para cada posição pode ser aumentado reduzindo a distância entre os pés. Por exemplo, uma progressão para a posição de agachamento poderia começar com os pés mais afastados que a linha dos quadris, depois, na largura dos quadris e, finalmente, em uma largura menor que a dos quadris ou com os pés juntos. Da mesma forma, a posição de agachamento poderia começar com um pé 30 ou 60 centímetros à frente do outro. O próximo nível de dificuldade pode implicar colocar o pé da frente de um dos lados de uma linha imaginária vertical e o pé de trás do outro lado da mesma linha imaginária vertical. A postura de afundo mais difícil envolve colocar os pés em alinhamento direto de calcanhar com dedos, como se estivesse em pé sobre uma trave de equilíbrio. A postura básica em uma única perna apresenta o maior desafio para o equilíbrio do corpo e a estabilidade; a dificuldade dessa postura pode ser aumentada ficando em pé sobre uma superfície instável (por exemplo, uma almofada de espuma) (Willardson, 2008).

Um *exercício de cadeia aberta* é feito quando a extremidade distal do membro não está fixada a qualquer superfície (Floyd, 2009). Exercícios de cadeia aberta são, também, muito eficazes e podem ser usados em um programa de treinamento muscular do *core* quando necessário. Por exemplo, a elevação de joelhos em suspensão com rotação é um bom exercício para treinar a musculatura do *core* por meio dos planos de movimento frontal e sagital e, simultaneamente, treinar os músculos envolvidos na força de pegada. Isso é importante para um atleta de luta, porque a força de preensão e a do *core* são importantes no desempenho. Uma máquina de hiperextensão reversa é uma ótima ferramenta para treinar os músculos do *core* posterior (por exemplo, eretores da espinha e dos glúteos) e pode ser usada no lugar de movimentos de extensão do tronco. A máquina de hiperextensão reversa mantém a parte superior do corpo (tronco) numa posição fixa, permitindo que o único movimento ocorra nos membros inferiores. Esse exercício estimula os mesmos músculos que os movimentos de extensão do *core*, mas sem qualquer movimento do tronco.

VOLUME PERIODIZADO E ESQUEMAS DE CARGA

É sempre prudente primeiro aumentar a capacidade de trabalho (resistência muscular, ou volume) e a força absoluta (intensidade) nos quatro padrões básicos de movimento do tronco antes de incorporar exercícios que exigem movimentos multiplanares. Isso também vale para exercícios musculares do *core* para desenvolver potência: uniplanares primeiro e, depois, multiplanares.

Para os iniciantes e aqueles com menos de três meses de experiência de treinamento, a construção da resistência muscular é a primeira prioridade. Isso pode ser feito usando o peso do corpo durante várias séries e repetições ou por tempo sob tensão. A *regra de 3 a 5 séries* é uma boa técnica para avaliar quando é apropriado aumentar a intensidade do exercício com o uso de carga externa: adicione carga externa quando a pessoa que está sendo treinada puder realizar de 3 a 5 séries de 20 repetições de um determinado exercício muscular do *core* básico com um minuto de repouso entre as séries. O motivo para o intervalo do número de séries é possibilitar que os treinadores e técnicos de musculação enfatizem o desenvolvimento do *core* em diferentes níveis, levando em cosideração as limitações de tempo, a necessidade de corrigir os desequilíbrios musculares do *core* e assim por diante. Se exercícios de estabilização estáticos do *core* estão sendo utilizados, comece com uma relação entre repouso e trabalho de 20 segundos, progredindo, depois, para 60 segundos pelo aumento de 10 segundos do tempo sob tensão a cada dois ou três treinos para um determinado exercício.

Depois que a resistência muscular aumentou, a força máxima pode ser desenvolvida por meio da adição de cargas externas utilizando halteres, anilhas, *medicine balls* e faixas de resistência. A carga deve começar com intensidades que permitam que o atleta complete pelo menos 10 repetições de um determinado exercício que treina o padrão desejado de movimento do tronco.

Conforme a força aumenta, as repetições devem aumentar para 15 a 20 com uma determinada carga antes de voltar a aumentar a intensidade. Isso é particularmente importante para iniciantes com menos de um ano de experiência de treinamento. Permitir que a musculatura do *core* se adapte ao longo do tempo utilizando esquemas de carga conservadores como o descrito anteriormente pode ajudar a prevenir lesões e desenvolver a força necessária para progredir, com segurança, para exercícios multiplanares e de potência. Por isso, um modelo de treinamento periodizado linear – resistência muscular localizada, depois, força máxima e, em seguida, potência – é recomendado para iniciantes.

A potência para a musculatura do *core* é especialmente importante para atletas de força e potência que precisam se mover de forma explosiva. Por exemplo, a força muscular do *core* para fazer o *swing* com um taco, arremessar, sacar uma bola de tênis ou arrancar em uma corrida é uma característica que pode afetar o desempenho nessas atividades. Treinamentos para potência envolvem um fator de tempo que, muitas vezes, é expresso como trabalho multiplicado pela distância dividido pelo tempo. A quantidade de tensão muscular desenvolvida nas velocidades de movimento rápido é o fator-chave. Portanto, a inclusão de exercícios de força para a musculatura do *core* deve ser cuidadosamente examinada. Exercícios de força para o *core* devem ser incluídos em um programa de treinamento somente após o estabelecimento de uma forte base nos quatro padrões básicos de movimento do tronco.

Na opinião deste autor, o treinamento de força para os músculos do *core* não é para qualquer pessoa. A menos que haja uma necessidade de desenvolver a força muscular do *core* para uma profissão ou para competições atléticas, a maioria dos praticantes interessados em melhorar o preparo para as AVDs deveria continuar a desenvolver a resistência muscular e a força máxima por meio de exercícios do *core* em uniplano e em multiplano. O treinamento de resistência muscular e de força máxima é mais seguro para os não atletas, especialmente os de meia idade e os idosos, que tendem a ter uma alta incidência de problemas ortopédicos que afetam a região lombar, o ombro e as áreas abdominais inferiores.

USE VÁRIOS IMPLEMENTOS DE TREINAMENTO

A força muscular e a potência máxima do *core* podem ser desenvolvidas por sobrecarga externa com o uso de halteres, anilhas, *medicine balls* e faixas de resistência por meio dos vários planos. Halteres hexagonais são feitos de um molde e são claramente identificados por sua flange hexagonal única. Eles são relativamente baratos, e as abas dos halteres leves (até 14 quilogramas) são fáceis de manusear e de pegar. Os halteres hexagonais são uma ótima forma de aumentar a intensidade de exercícios como abdominal parcial, inclinações laterais, hiperextensão, levantamento na máquina de glúteos, flexão lateral e lenhador.

Anilhas são outra boa opção. Algumas empresas fabricam anilhas com aberturas simétricas em ambos os lados, que funcionam como alças incorporadas. Isso ajuda a evitar quedas e torna mais seguro o manuseio de cargas pesadas para o usuário quando fizer exercícios musculares para o *core*.

Faixas de resistência também podem ser usadas e são excelentes porque permitem que o praticante exercite a musculatura do *core* em várias posições estáticas e padrões de movimentos dinâmicos, o que não poderia ser feito com halteres e anilhas. Um bom exemplo é o exercício *walkout* com faixa de resistência. A elasticidade da faixa é uma ferramenta de resistência variável para ser usada pelo praticante e pelo profissional de força e condicionamento físico em programas de condicionamento da musculatura do *core*.

Medicine balls reativas e não reativas são implementos muito eficazes, que podem ser usados para desenvolver a potência da musculatura do *core*. *Medicine balls* reativas quicam (reagem) quando atingem uma superfície dura, permitindo que o usuário realize repetições rapidamente. Por exemplo, arremessos feitos de um lado para o outro com uma *medicine ball* reativa permitem rápido passe e captura imediata da bola para executar a repetição seguinte. Se sucessivas repetições são realizadas em alta velocidade, melhorias no tempo de reação e na coordenação olho-mão podem ser desenvolvidas como qualidades secundárias à potência de rotação. Isso pode ser útil para atletas como jogadores de golfe, tênis, softbol ou beisebol, que necessitam de energia de rotação, tempo de reação e coordenação olho-mão para as habilidades técnicas de seus esportes.

Todavia, nem sempre é desejável usar uma *medicine ball* reativa para desenvolver potência. Por exemplo, fazer arremesso no chão com uma *medicine ball* reativa pode causar ferimentos graves se a bola rebater e golpear o usuário. *Medicine balls* não reativas absorvem a energia e não reagem (não reativa) ao contato com uma superfície dura. Elas podem ser arremessadas com força máxima em qualquer direção, sem risco de quicar. Por isso, *medicine balls* não reativas também podem ser implementos eficazes para desenvolver a potência máxima em todos os planos de movimento.

O Quadro 5.3 inclui exemplos de exercícios de força para cada um dos quatro padrões de movimento do *core*.

Da mesma maneira que ocorre com outras formas de treinamento de potência, como levantamento de peso olímpico, esquemas de séries e repetições conservadores devem ser usados para manter a produção aguda de potência ao longo da série e, também, para manter a consistência na técnica, minimizando o risco de lesão. Isso é especialmente importante quando se utiliza *medicine balls* não reativas para desenvolver a potência máxima da musculatura do *core*. Por exemplo, quando fizer arremesso de *medicine ball* no chão, o corpo tem de gerar uma quantidade significativa de força para acelerar e lançar a *medicine ball* rapidamente. Depois de arremessar a bola, o corpo tem de desacelerar os braços e o tronco usando os músculos antagonistas, incluindo os músculos posteriores dos ombros. A fadiga resultante do excesso de repetições pode diminuir a técnica do exercício e lesionar o praticante. Existe uma relação inversa entre a intensidade e o volume durante um programa de treinamento; por isso, é prudente uma abordagem de menor volume no treinamento de força máxima da musculatura do *core*. Três ou quatro séries de 3 a 5 repetições com períodos de repouso de 2 a 3 minutos entre as séries são recomendadas para exercícios de força de alta intensidade.

Quadro 5.3   Exercícios de força

Padrão de movimento do *core*	Exemplo de exercício
Flexão do tronco	Arremesso de *medicine ball* no chão
Extensão do tronco	Arremesso de *medicine ball* movimento contrário com a mão por baixo
Rotação do tronco	Arremesso de *medicine ball* na parede com rotação
Flexão lateral do tronco	Arremesso de *medicine ball* no chão com rotação

DESEQUILÍBRIOS NA MUSCULATURA DO *CORE*

Um programa de treinamento para a musculatura do *core* deve, também, corrigir eventuais desequilíbrios musculares que possam existir. Desequilíbrios podem levar a padrões de movimento abaixo do ideal e a possíveis lesões

(Cook e Gray, 2003). Por exemplo, um desequilíbrio entre os músculos extensores e os flexores do tronco pode levar a lesões graves, como hérnia da parede abdominal ou deslizamento dos discos intervertebrais, dependendo de qual grupo muscular é dominante (Zatsiorsky, 1995). É muito importante reconhecer que os desequilíbrios podem se desenvolver por causa dos padrões de movimento repetitivo dinâmico de um determinado esporte ou, até mesmo, em razão de atividades funcionais estáticas do trabalho de uma pessoa.

Por exemplo, um jogador de tênis que treina constantemente para melhorar o saque pode desenvolver uma disparidade de força entre os músculos do *core* anterior e posterior. Os músculos da região anterior são muito usados durante esse movimento e podem ter um aumento de força desproporcional em relação aos da região posterior. O mesmo desequilíbrio pode ocorrer com as atividades estáticas prolongadas. Por exemplo, um funcionário de um escritório que fica sentado na frente de um computador por longos períodos de tempo pode sofrer encurtamento nos músculos flexores do quadril. Isso pode causar enfraquecimento da parede abdominal e encurtamentos na cadeia posterior, ocasionando lordose lombar.

Profissionais de força e condicionamento físico podem identificar desequilíbrios musculares do *core* e desenvolver programas de treinamento adequados de várias maneiras, incluindo as seguintes:

- ▶ Identificar os padrões de movimentos dinâmicos e as posições estáticas executadas normalmente por atletas e não atletas e os desequilíbrios associados a elas.

- ▶ Observar posturas incorretas e desequilíbrios estruturais, como lordose e cifose, que podem revelar deficiências no condicionamento em determinados músculos do *core*.

- ▶ Realizar testes musculares para identificar fraqueza nos grupos musculares do *core*.

- ▶ Registrar padrões de movimento ineficientes associados com desequilíbrios na musculatura do *core*.

Os desequilíbrios também podem se desenvolver por programações incorretas de exercícios. Deixar de treinar qualquer um dos quatro padrões de movimento básicos do tronco ou enfatizar um grupo muscular em detrimento de outro, como treinar os músculos anteriores do *core* e negligenciar os músculos posteriores, pode causar um desequilíbrio. Para evitar desequilíbrios musculares, deve ser realizada pelo menos uma proporção de um para um entre todos os quatro padrões de movimento básicos do tronco. Por exemplo, três séries de um exercício de flexão do tronco deverão ser equilibrados com três séries de um exercício de extensão do tronco. Isso pode ser conseguido no mesmo treino, durante o qual cada padrão de movimento é realizado. O importante é que o volume seja distribuído uniformemente entre os padrões de movimento do tronco. Uma exceção a isso é a existência de uma óbvia fraqueza ou desequilíbrio identificado por meio de testes. Nesse caso, seria conveniente incluir mais séries ou exercícios para fortalecer o grupo muscular mais fraco, possivelmente usando uma proporção de exercícios de três para um em favor dos grupos musculares mais fracos do *core*. Por exemplo, três séries de hiperextensões para cada conjunto de abdominais poderia ser uma estratégia para fortalecer os extensores do tronco fracos e, ainda, treinar os flexores do tronco.

Programas de exercícios resistidos em que cargas pesadas são comumente usadas para levantamento terra, agachamento de costas, barra com pesos, desenvolvimento, puxada horizontal e levantamentos olímpicos (e variações) exigem muito da musculatura do *core*. É possível abrir uma exceção e não realizar outro treinamento muscular do *core* nos dias em que são feitos esses levantamentos. Por exemplo, se o levantamento terra é feito com alta intensidade, o que utiliza muito os músculos extensores do tronco, outros exercícios destinados especificamente para os extensores do tronco (por exemplo, hiperextensão) podem ser desnecessários, já que poderiam contribuir para o aumento da dor e o excesso de treinamento. Exercícios de extensão do tronco podem ser realizados durante os treinos de baixa intensidade em dias nos quais não são feitos levantamento terra. O foco dado a uma parte ou a toda a musculatura do *core* no programa fica a critério do profissional de força e condicionamento físico ou do próprio praticante.

Essa decisão, algumas vezes, é um problema para treinadores de força e condicionamento físico que têm uma quantidade mínima de tempo por semana para treinar seus atletas. Esses treinadores, muitas vezes, pedirão que seus atletas passem mais tempo fazendo exercícios complexos, que geram adaptações hormonais e no sistema energético, para obter o máximo benefício com um gasto mínimo de tempo. Uma programação inovadora pode superar tais limitações de tempo e proporcionar aos atletas os benefícios da realização de trabalhos adicionais para a musculatura do *core*. Os exemplos incluem fazer exercícios específicos para os músculos do *core* como parte de uma rotina de aquecimento de grupo dinâmico, fazer exercícios uniplanares para os músculos do *core* durante os intervalos para repouso de exercícios complexos ou fazer conjuntos de exercícios que incluem tanto exercícios complexos como exercícios dos músculos do *core* (por exemplo, afundo caminhando com *medicine ball* com rotação).

O nível de prioridade que deve ser dado ao desenvolvimento específico do condicionamento muscular do *core* tem sido um tema de debate entre profissionais da área. Algumas pessoas acreditam que a melhor maneira de condicionar a musculatura do *core* é fazendo apenas exercícios resistidos complexos pesados (por exemplo, levantamento terra, agachamento de costas, barra com pesos, desenvolvimento, puxada horizontal e levantamentos olímpicos), sem outro trabalho específico. Aqueles que defendem essa filosofia dizem, com razão, que a musculatura do *core* é muito requisitada por meio do uso frequente da manobra de Valsalva, para aumentar a pressão intra-abdominal e gerar estabilidade da coluna vertebral durante a execução desses levantamentos. Outros argumentam que devem ser feitos exercícios complementares para treinar os músculos do *core*, além dos exercícios complexos pesados. Os levantamentos mencionados anteriormente certamente não envolvem rotação do tronco no plano transversal, assim, exercícios adicionais podem ser realizados para assegurar um desenvolvimento equilibrado.

Segundo a experiência deste autor, muitos atletas e não atletas têm força muscular do *core* inadequada. Um profissional não deve incluir mais exercícios para os músculos do *core* do que o necessário em um programa de treinamento geral, assim, você nunca pode ter força demais no *core*. Parece haver uma tendência entre os profissionais (*personal trainers*, assim como treinadores e profissionais de força e condicionamento físico) de se tornarem dogmáticos sobre programação ao se alinharem com uma ideologia de formação específica. Ao fazerem isso, eles excluem alguns exercícios do programa de treinamento.

Quando necessário, os profissionais devem usar todas as ferramentas à sua disposição, incluindo exercícios suplementares para a musculatura do *core*. Exercícios complexos pesados não podem ser sempre realizados, pois podem prejudicar o desempenho, causando dor ou esgotando as reservas de energia (por exemplo, atletas que fazem agachamentos e levantamentos terra pesados durante treinamentos da Liga Nacional de Futebol Americano – NFL, na sigla em inglês – ou trabalhadores de empresas de mudanças que passam várias horas carregando caminhões). Isso acontece, sobretudo, quando são programados exercícios para atletas que têm longas temporadas de competição e jogam várias partidas a cada semana. Exercícios complementares para os músculos do *core* não são tão cansativos para o sistema nervoso e, geralmente, não vão inibir a recuperação, como costuma acontecer com o uso frequente de exercícios complexos pesados. Por isso, acredita-se que eles devem ser incluídos em um programa anual de treinamento.

Para aqueles que não estão fazendo exercícios resistidos complexos pesados como parte de um programa de exercícios, mas querem fortalecer a musculatura do *core*, pode-se abrir uma exceção para a realização de treinamento dos músculos do *core* específico. Além disso, algumas pessoas com limitações ortopédicas não podem fazer exercícios resistidos complexos pesados. Cirurgias nas quais a parede abdominal é aberta, incluindo cesarianas, histerectomias e operações de hérnias, podem causar disfunção nos músculos do *core*. Exercícios complexos pesados podem ser contraindicados nesses casos, mas esses grupos se beneficiariam de exercícios de estabilização do tronco que visam especificamente à musculatura do *core*. Análise e planejamento cuidadosos são necessários para garantir a inclusão de exercícios que abordam as metas e objetivos do atleta ou não atleta durante todo o ciclo de treinamento.

TREINOS PARA A MUSCULATURA DO *CORE*

Os exercícios devem treinar os quatro padrões de movimentos básicos do tronco: flexão do tronco (FT), extensão do tronco (ET), rotação do tronco (RT), flexão lateral do tronco (FLT) e variações ou combinações de todos os quatro. Exercícios estáticos que exigem estabilização do tronco contra esses padrões de movimento podem ser utilizados.

Note que músculos semelhantes são usados durante movimentos de rotação e flexão lateral do tronco. Se tempo ou volume de treinamento forem uma preocupação, o profissional pode planejar incluir apenas um desses movimentos em um treino em particular. A rotação do tronco e a flexão lateral do tronco podem ser treinadas alternadamente, fazendo um dos dois movimentos a cada treino, para garantir que ambos estão sendo feitos no ciclo de treinamento.

Treinamentos para determinados esportes encontram-se nos Capítulos 6 a 16.

O iniciante ou novato, com menos de três meses de experiência em treinamento, deve executar os movimentos uniplanares do tronco. Todos os exercícios podem ser feitos utilizando o peso corporal, com 60 segundos de repouso entre as séries. Aumente as repetições para 20 por série para exercícios dinâmicos e 60 segundos para exercícios estáticos. Adicione carga externa quando uma pessoa pode fazer de 3 a 5 séries de 20 repetições de cada exercício.

O praticante com mais de três meses de experiência de treinamento pode começar a executar os movimentos multiplanares do tronco. Todos os exercícios podem ser realizados com o peso do corpo ou com cargas externas leves, com 60 a 90 segundos de repouso entre as séries. Conforme a qualidade do movimento e a resistência melhoram, aumente gradualmente as repetições para 20 por série em todos os exercícios. Aumente a intensidade quando uma pessoa puder executar séries de 20 repetições de cada exercício.

Todos os quatro padrões básicos de movimento podem ser treinados executando movimentos multiplanares, ou uniplanares e multiplanares no mesmo treino.

TREINOS PARA POTÊNCIA DO *CORE*

O praticante com pelo menos quatro meses de experiência em treinamento pode começar a fazer movimentos orientados para a potência. Para desenvolver a potência máxima, os arremessos de *medicine ball* não reativa podem ser realizados por um número total de não mais de cinco séries por exercício e 1 a 5 repetições por série. Dois a cinco minutos de repouso entre as séries de movimentos de potência máxima do *core* são recomendados. Exercícios submáximos com *medicine ball* reativa, como o arremesso de *medicine ball* na parede com rotação, podem ser realizados com um maior número de repetições

(10 a 20), com três séries por exercício e com 60 a 90 segundos de tempo de recuperação entre as séries.

O profissional pode criar um programar para incluir movimentos de potência máxima e submáxima no mesmo treino, para enfatizar a potência em um plano de movimento particular. Por exemplo, suponha que um jogador de tênis não tenha potência durante um saque, mas tenha potência suficiente nos movimentos rotacionais, como *drive* de esquerda ou de direita. Um exercício de força máxima, como um arremesso de *medicine ball* não reativa, pode ser executado em um treino com exercícios de força do *core* de baixa intensidade. Isso ajudaria a sanar a deficiência de potência no plano de movimento que melhor simula o saque no tênis.

COMPLEXOS DE EXERCÍCIOS DE MOVIMENTO DO TRONCO

O praticante com 8 a 12 meses de experiência de treinamento pode começar a incluir complexos de exercício que combinam padrões de movimento de tronco com movimentos complexos. Movimentos multiplanares ou em uniplanares podem ser executados usando tanto exercícios de cadeia aberta como de cadeia fechada. Esses complexos de exercícios exigem mais do sistema de energia do corpo e proporcionam aos praticantes avançados maior variação de exercícios durante um ciclo de treinamento. Menos repetições e mais tempo de repouso entre as séries podem ser necessários para acomodar o nível de aptidão e de condicionamento físico do praticante. Esquemas de repetição de três a cinco por complexo com períodos de repouso de dois a três minutos entre as séries são um bom ponto de partida para a maioria dos exercícios. Uma progressão lógica, se o objetivo for aumentar a resistência muscular, inclui adicionar mais repetições e diminuir o tempo de recuperação conforme o praticante se adapta ao treinamento.

Os exercícios devem incluir os padrões básicos de movimentos complexos do corpo humano, como puxar, empurrar, agachar e fazer afundo. Com um pouco de planejamento e programação criativa, um profissional pode criar treinos para toda a musculatura do *core* e, simultaneamente, treinar todos os principais padrões de movimento do corpo humano. É possível conseguir isso utilizando três ou quatro complexos de exercícios. Assim, economiza-se tempo para atletas em temporada ou pessoas interessadas em preparação física que têm uma agenda apertada, com uma quantidade limitada de tempo para dedicar ao treinamento.

PESSOAS LESIONADAS

Em algumas situações, os profissionais podem ter de elaborar programas para pessoas com limitações médicas causadas por lesões anteriores ou existentes. Nesse caso, os profissionais de condicionamento físico devem trabalhar no âmbito das suas competências e consultar profissionais da Saúde necessários antes de tentar criar programas de formação para esses grupos. Na experiência deste autor, as lesões mais comuns que um profissional vai encontrar são hérnia da parede abdominal, hérnia de disco da coluna lombar e espondilolistese. Essas lesões afetam os movimentos dinâmicos do tronco. É comum, com esses tipos de lesões, que movimentos do tronco que seriam normais causem dor e sejam contraindicados.

Quando apropriado, e somente após consulta com profissionais da Saúde, os profissionais do condicionamento físico podem prescrever exercícios estáticos para fortalecer os músculos do *core* responsáveis pelo movimento por meio dos padrões de movimento básicos do tronco. Recomenda-se que o número de séries por exercício não seja superior a três e o tempo sob tensão para os exercícios comece em 5 a 10 segundos. Inicialmente, uma proporção entre repouso e trabalho de seis para um deve ser respeitada até que o praticante possa tolerar e demonstrar a estabilidade do tronco em um determinado exercício (por exemplo, 5 segundos de tensão seguidos de 30 segundos de tempo de recuperação por série, ou 10 segundos sob tensão seguidos de 60 segundos de tempo de recuperação). A proporção entre repouso e trabalho pode ser reduzida depois que um praticante fizer três séries de um determinado exercício com 10 segundos por série (*vide* a Tabela 5.1). Aumente o tempo sob tensão em 5 segundos a cada dois ou três treinos para um determinado exercício, até chegar a 60 segundos.

Com o passar do tempo, conforme a força muscular do *core* e a estabilização do tronco aumentam, exercícios dinâmicos uniplanares podem ser introduzidos e realizados por meio de faixas limitadas de movimento, desde que não causem dor ao praticante. Comece com, pelo menos, cinco repetições de um determinado exercício que treina o padrão desejado de movimento do tronco. As repetições devem aumentar em cinco a cada dois a quatro treinos, finalmente progredindo em 20 repetições para três séries. Cargas externas podem ser contraindicadas para grupos lesionados. Recomenda-se aumentar o volume em detrimento da intensidade, adicionando até cinco séries por padrão de movimento do tronco dado. Movimentos multiplanares são contraindicados para esse grupo e não devem ser feitos.

Tabela 5.1 Recomendações de exercícios estáticos para grupos lesionados

Tempo de recuperação	Tempo sob tensão	Proporção repouso-trabalho
30 s	5 s	6 para 1
60 s	10 s	6 para 1
60 s	15 s	4 para 1
60 s	20 s	3 para 1
60 s	25 s	2,5 para 1
60 s	30 s	2 para 1
53 s	35 s	1,5 para 1
40 s	40 s	1 para 1
45 s	45 s	1 para 1
50 s	50 s	1 para 1
55 s	55 s	1 para 1
60 s	60 s	1 para 1

Este autor descobriu que exercícios dinâmicos de cadeia aberta, como hiperextensões reversas e levantamentos de braço oposto e perna oposta, podem ser usados para treinar os músculos do *core* posterior sem provocar qualquer dor em praticantes com lesões lombares. Movimentos de flexão do tronco, como abdominais com os quadris flexionados em 90 graus e os pés elevados, podem reduzir a tensão na parte inferior das costas e, geralmente, podem ser executados sem dor pela maioria dos praticantes.

CONCLUSÃO

Criar um programa de treinamento para a musculatura do *core* não precisa ser complicado ou difícil. Uma abordagem de movimento no projeto de programa é simples e proporciona ao profissional a capacidade de criar programas eficazes e equilibrados. Movimentos funcionais do tronco são combinações ou variações de quatro padrões de movimentos básicos: flexão do tronco, extensão do tronco, rotação do tronco e flexão lateral do tronco. Um programa de treinamento deve incluir exercícios estáticos e dinâmicos que exijam estabilização contrária ou movimento por meio desses padrões. Qualquer qualidade física pode ser desenvolvida (resistência muscular localizada, força ou potência) seguindo uma progressão linear. Os exercícios progridem de uniplanares simples para movimentos do tronco multiplanares mais complexos. Uma variedade de exercícios de cadeia aberta e fechada, usando vários implementos para aumentar a intensidade, pode ser incorporada ao programa de desenvolvimento das capacidades de movimento da musculatura do *core*. Programas e exercícios podem ser adaptados para acomodar diferentes grupos de indivíduos, incluindo aqueles com lesões anteriores ou atuais.

PARTE II

Desenvolvimento do *core* para um esporte específico

CAPÍTULO 6

Beisebol e softbol

David J. Szymanski

Profissionais de força e condicionamento físico de beisebol e de softbol muitas vezes discutem a importância de desenvolver a musculatura do *core* para melhorar o desempenho. No desenvolvimento de um programa de exercícios específicos para a musculatura do *core* para o beisebol ou o softbol, uma variedade de exercícios que exigem movimento dinâmico em todos os três planos de movimento (frontal, sagital e transversal) deve ser incorporada. Os movimentos de beisebol e de softbol ocorrem por meio de contrações musculares sequenciais e coordenadas que exigem tempo e equilíbrio. O conceito pelo qual isso ocorre é chamado de cadeia cinética. Se os movimentos multiplanares não são coordenados para permitir que as forças geradas da parte inferior do corpo sejam transferidas através do tronco para os braços, o desempenho de habilidades como rebater e arremessar não será ideal. Muitas vezes, o elo mais fraco na cadeia cinética é a musculatura do *core*, porque ela não é treinada de maneira adequada, suficiente ou com foco no esporte. Assim, se o treinamento para a musculatura do *core* não se concentra na força e na potência específica do esporte para rebater e arremessar, o desempenho dos jogadores pode ficar abaixo da média, com maior potencial de lesão. As contribuições da musculatura do *core* são imprescindíveis para a execução de *swings* e de arremessos em alta velocidade. Assim, o condicionamento adequado da musculatura do *core* por meio do treinamento de força e de potência deve manter e pode até aumentar a velocidade do *swing* e do arremesso, dependendo da maturação, da resistência inicial, da experiência em treinamento resistido e da habilidade individual dos jogadores de beisebol e de softbol.

Há quatro fases diferentes em um programa de periodização anual: fora de temporada, pré-temporada, temporada e repouso ativo. O desenvolvimento da musculatura do *core* fora de temporada e em pré-temporada será abordado aqui para jogadores de beisebol ou de softbol. Para melhorar o desempenho, exercícios para a musculatura do *core gerais*, *especiais* e *específicos* podem ser incorporados em um programa periodizado progressivo.

Os exercícios *gerais* incluem abdominal tradicional, oblíquo, treinos para a região lombar, pontes e pranchas e alguns exercícios complexos para a região lombar realizados durante o começo do período fora da temporada (*vide* as Tabelas 6.1 e 6.2). Os exercícios *especiais* incluem potentes arremessos rotacionais de *medicine balls* feitos em todos os três planos de movimento (*vide* as Tabelas 6.3 e 6.4). Esses exercícios são introduzidos do meio para o final do período fora da temporada e têm progressão na pré-temporada. Eles incluem movimentos de corte, rotação ou arremesso. Exercícios *específicos* devem ser realizados durante a pré-temporada e incluem arremesso de *medicine ball* com ambos os braços, arremessos de beisebol ou de softbol com um único braço normais e com sobrepeso, assim como *swings* de taco com sobrepeso e baixo peso que simulam os movimentos e padrões de aceleração do arremesso e da rebatida.

Tabela 6.1 Programa geral de desenvolvimento do *core* para beisebol e softbol (6 semanas)

O foco principal para estes exercícios é a resistência muscular localizada. Na primeira série, faça todos os exercícios consecutivamente, sem descanso. Repouse entre as séries por 60 segundos.		
MICROCICLO 1, SEMANAS 1 E 2		
Dia do treino	**Exercício**	**Séries e repetições**
1	Abdominal lateral na bola suíça	2 × 15 de cada lado
	Abdominal reverso	2 × 15
	Abdominal na bola suíça	2 × 15
	Hiperextensão/Extensão de costas	2 × 15
2	Ponte lateral, lado direito	2 × 30 s
	Ponte lateral, lado esquerdo	2 × 30 s
	Prancha ventral	2 × 30 s
3	*Bird dog*	2 × 15 cada ombro/quadril

Continua

Continuação

Dia do treino	Exercício	Séries e repetições
	Prancha ventral com extensão de quadril	2 × 30 s cada
	Abdominal canivete	2 × 15 cada perna
MICROCICLO 2, SEMANAS 3 E 4		
Dia do treino	**Exercício**	**Séries e repetições**
1	Abdominal lateral na bola suíça	2 × 20 de cada lado
	Abdominal reverso	2 × 20
	Abdominal na bola suíça	2 × 20
	Hiperextensão/Extensão de costas	2 × 20
2	Ponte lateral, lado direito	2 × 35 s
	Ponte lateral, lado esquerdo	2 × 35 s
	Prancha ventral	2 × 35 s
3	*Bird dog*	2 × 20 cada ombro/quadril
	Prancha ventral com extensão de quadril	2 × 35 s cada
	Abdominal canivete	2 × 20 cada perna
MICROCICLO 3, SEMANAS 5 E 6		
Dia do treino	**Exercício**	**Séries e repetições**
1	Abdominal lateral na bola suíça	2 × 25 de cada lado
	Abdominal reverso	2 × 25
	Abdominal na bola suíça	2 × 25
	Hiperextensão/Extensão de costas	2 × 25
2	Ponte lateral, lado direito	2 × 40 s
	Ponte lateral, lado esquerdo	2 × 40 s
	Prancha ventral	2 × 40 s
3	*Bird dog*	2 × 25 cada ombro/quadril
	Prancha ventral com extensão de quadril	2 × 40 s cada
	Abdominal canivete	2 × 25 cada perna

Tabela 6.2 Programa geral de desenvolvimento do *core* com pesos para beisebol e softbol (6 semanas)

O foco principal deste mesociclo é a força muscular. Cada exercício é uma versão com peso de um exercício do Capítulo 4. Faça os exercícios na primeira série consecutivamente, sem descanso. Repouse durante 90 segundos entre a primeira e a segunda série.		
MICROCICLO 4, SEMANAS 1 E 2		
Faça estes exercícios com um peso de 4,5 quilogramas. Recomendamos o uso de um colete com pesos para os exercícios de ponte e prancha.		
Dia do treino	**Exercício**	**Séries e repetições**
1	Abdominal lateral com peso na bola suíça	2 × 15 de cada lado
	Elevação de joelhos em suspensão com peso	2 × 15
	Abdominal na bola suíça com peso	2 × 15
	Hiperextensão/Extensão de costas com peso	2 × 15
2	Ponte lateral com peso, lado direito	2 × 20 s
	Ponte lateral com peso, lado esquerdo	2 × 20 s
	Prancha ventral com peso	2 × 20 s
3	Hiperextensão com peso	2 × 15
	Abdominal reverso com peso	2 × 15
	Abdominal com rotação na bola suíça com peso	2 × 15
	Abdominal bicicleta com peso	2 × 15
MICROCICLO 5, SEMANAS 3 E 4		
Avance movendo o peso de 4,5 quilogramas para longe do eixo de rotação (*core*) ou usando um peso de 7 quilogramas. Recomendamos o uso de um colete com pesos para os exercícios de ponte e prancha.		
Dia do treino	**Exercício**	**Séries e repetições**
1	Abdominal lateral com peso na bola suíça	2 × 15 de cada lado
	Elevação de joelhos em suspensão com peso	2 × 15
	Abdominal na bola suíça com peso	2 × 15
	Hiperextensão/Extensão de costas com peso	2 × 15
2	Ponte lateral com peso, lado direito	2 × 25 s
	Ponte lateral com peso, lado esquerdo	2 × 25 s
	Prancha ventral com peso	2 × 25 s
3	Hiperextensão com peso	2 × 15

Continua

Continuação

Dia do treino	Exercício	Séries e repetições
	Abdominal reverso com peso	2 × 15
	Abdominal com rotação na bola suíça com peso	2 × 15
	Abdominal bicicleta com peso	2 × 15
MICROCICLO 6, SEMANAS 5 E 6		
Avance movendo o peso de 7 quilogramas para longe do eixo de rotação (*core*) ou usando um peso de 9 quilogramas. Recomendamos o uso de um colete com pesos para os exercícios de ponte e prancha.		
Dia do treino	**Exercício**	**Séries e repetições**
1	Abdominal lateral com peso na bola suíça	2 × 15 de cada lado
	Elevação de joelhos em suspensão com peso	2 × 15
	Abdominal na bola suíça com peso	2 × 15
	Hiperextensão/Extensão de costas com peso	2 × 15
2	Ponte lateral com peso, lado direito	2 × 30 s
	Ponte lateral com peso, lado esquerdo	2 × 30 s
	Prancha ventral com peso	2 × 30 s
3	Hiperextensão com peso	2 × 15
	Abdominal reverso com peso	2 × 15
	Abdominal com rotação na bola suíça com peso	2 × 15
	Abdominal bicicleta com peso	2 × 15

Tabela 6.3 Programa de desenvolvimento do *core* sem arremesso de *medicine ball* para beisebol e softbol (6 semanas)

Dia do treino	Exercício	Séries e repetições
O foco principal deste mesociclo é a força e a potência muscular.		
MICROCICLO 7, SEMANAS 1 E 2		
Adultos devem fazer estes exercícios com uma *medicine ball* de 3 quilogramas. Jogadores fisicamente imaturos do ensino médio devem usar uma bola de 2 quilogramas e fisicamente imaturos do ensino fundamental, uma bola de 1 quilograma. Respouse durante 90 segundos entre a primeira e a segunda série.		
Dia do treino	**Exercício**	**Séries e repetições**
1	Pêndulo reverso com *twister* na *medicine ball*	2 × 10 de cada lado
	Rotação sentado com *medicine ball*	2 × 10 de cada lado
	Rotação do tronco sentado com *medicine ball*	2 × 8 de cada lado
	8 com *medicine ball* sentado	2 × 8 de cada lado
2	Lenhador	2 × 10

Continua

Continuação

Dia do treino	Exercício	Séries e repetições
	8 com *medicine ball* em pé	2 × 8 de cada lado
	Corte na diagonal com *medicine ball*	2 × 8 de cada lado
	Afundo e 8 com *medicine ball*	2 × 8 de cada lado
3	Repita o dia 1, se necessário	

MICROCICLO 8, SEMANAS 3 E 4

Adultos devem realizar estes exercícios com uma *medicine ball* de 4 quilogramas. Jogadores fisicamente imaturos do ensino médio devem usar uma bola de 3 quilogramas e fisicamente imaturos do ensino fundamental, uma bola de 2 quilogramas.

Dia do treino	Exercício	Séries e repetições
1	Pêndulo reverso com *twister* na *medicine ball*	2 × 10 de cada lado
	Rotação sentado com *medicine ball*	2 × 10 de cada lado
	Rotação de tronco sentado com *medicine ball*	2 × 8 de cada lado
	8 com *medicine ball* sentado	2 × 8 de cada lado
2	Lenhador	2 × 10
	8 com *medicine ball* em pé	2 × 8 de cada lado
	Corte na diagonal com *medicine ball*	2 × 8 de cada lado
	Afundo e 8 com *medicine ball*	2 × 8 de cada lado
3	Repita o dia 1, se necessário	

MICROCICLO 9, SEMANAS 5 E 6

Os adultos devem realizar estes exercícios com uma *medicine ball* de 5 quilogramas. Jogadores fisicamente imaturos do ensino médio devem usar uma bola de 4 quilogramas e fisicamente imaturos do ensino fundamental, uma bola de 3 quilogramas.

Dia do treino	Exercício	Séries e repetições
1	Pêndulo reverso com *twister* na *medicine ball*	2 × 10 de cada lado
	Rotação sentado com *medicine ball*	2 × 10 de cada lado
	Rotação de tronco sentado com *medicine ball*	2 × 8 de cada lado
	8 com *medicine ball* sentado	2 × 8 de cada lado
2	Lenhador	2 × 10
	8 com *medicine ball* em pé	2 × 8 de cada lado
	Corte na diagonal com *medicine ball*	2 × 8 de cada lado
	Afundo e 8 com *medicine ball*	2 × 8 de cada lado
3	Repita o dia 1, se necessário	

Tabela 6.4 Programa de desenvolvimento do *core* com arremesso de *medicine ball* para beisebol e softbol (6 semanas)

O foco principal é a potência muscular. As *medicine balls* são arremessadas com as duas mãos.

MICROCICLO 10, SEMANAS 1 E 2		
Jogadores fisicamente maduros do ensino médio ou universitários devem usar uma *medicine ball* de 5 quilogramas para os exercícios a seguir. Jogadores fisicamente imaturos do ensino médio devem usar uma *medicine ball* de 4 quilogramas e do ensino fundamental, uma *medicine ball* de 3 quilogramas.		
Dia do treino	**Exercício**	**Séries e repetições**
1	Rotação rápida de *medicine ball* com parceiro	2 × 5 de cada lado
	Arremesso de *medicine ball* na parede com rotação	2 × 10 de cada lado
	Arremesso de *medicine ball* com rotação – postura lateral	2 × 10 de cada lado
	Arremesso unilateral de *medicine ball*	2 × 5 de cada lado
2	Arremesso de *medicine ball* acima da cabeça	2 × 10
	Afundo e 8 com arremesso de *medicine ball*	2 × 5 de cada lado
	Arremesso de *medicine ball* no chão com rotação	2 × 5 de cada lado
	Arremesso de *medicine ball* na parede com passo cruzado	2 × 10
3	Repita o dia 1, se necessário	
MICROCICLO 11, SEMANAS 3 E 4		
Jogadores fisicamente maduros do ensino médio ou universitários devem usar uma *medicine ball* de 4 quilogramas. Jogadores fisicamente imaturos do ensino médio devem usar uma *medicine ball* de 3 quilogramas e do ensino fundamental, uma *medicine ball* de 2 quilogramas.		
Dia do treino	**Exercício**	**Séries e repetições**
1	Rotação rápida de *medicine ball* com parceiro	2 × 5 de cada lado
	Arremesso de *medicine ball* na parede com rotação	2 × 10 de cada lado
	Arremesso de *medicine ball* com rotação – postura lateral	2 × 10 de cada lado
	Arremesso unilateral de *medicine ball*	2 × 5 de cada lado
2	Arremesso de *medicine ball* acima da cabeça	2 × 10

Continua

Continuação

Dia do treino	Exercício	Séries e repetições
	Afundo e 8 com arremesso de *medicine ball*	2 × 5 de cada lado
	Arremesso de *medicine ball* no chão com rotação	2 × 5 de cada lado
	Arremesso de *medicine ball* na parede com passo cruzado	2 × 10
3	Repita o dia 1, se necessário	
MICROCICLO 12, SEMANAS 5 E 6		
Jogadores fisicamente maduros do ensino médio ou universitários podem usar uma *medicine ball* de 3 quilogramas. Jogadores fisicamente imaturos do ensino médio devem usar uma *medicine ball* de 2 quilogramas e do ensino fundamental, uma *medicine ball* de 1 quilograma.		
Dia do treino	**Exercício**	**Séries e repetições**
1	Rotação rápida de *medicine ball* com parceiro	2 × 5 de cada lado
	Arremesso de *medicine ball* na parede com rotação	2 × 10 de cada lado
	Arremesso de *medicine ball* com rotação – postura lateral	2 × 10 de cada lado
	Arremesso unilateral de *medicine ball*	2 × 5 de cada lado
2	Arremesso de *medicine ball* acima da cabeça	2 × 10
	Afundo e 8 com arremesso de *medicine ball*	2 × 5 de cada lado
	Arremesso de *medicine ball* no chão com rotação	2 × 5 de cada lado
	Arremesso de *medicine ball* na parede com passo cruzado	2 × 10
3	Repita o dia 1, se necessário	

EXERCÍCIOS DO *CORE* EXCLUSIVOS PARA BEISEBOL E SOFTBOL

Para arremessadores, exercícios suplementares para maximizar a potência podem incluir lançamentos com um só braço que se alternam em uma proporção de dois para um. Arremessadores de beisebol devem alternar entre uma bola de beisebol de 0,2 quilograma e uma bola padrão de 0,14 quilograma; arremessadores de softbol também devem fazer isso com o peso das bolas de softbol pesadas e padrão, variando de acordo com nível e tipo de jogo. Um arremessador pode fazer 3×10 arremessos de máxima intensidade com a bola mais pesada em uma rede, com 60 segundos de repouso entre as séries, e, depois, fazer 1×15 arremessos de máxima intensidade com a bola padrão em uma rede ou para um parceiro. Os rebatedores podem fazer 15 séries completas de 10 *swings* de taco (cinco séries cada, com um bastão pesado, um leve e um padrão), utilizando, primeiro, um bastão pesado, depois, um leve e, finalmente, um de peso normal (padrão). Por exemplo, um jogador de beisebol universitário que normalmente usa um taco de 0,85 quilograma faria 1×10 *swings* com um taco de 0,88 quilograma, 1×10 *swings* com um taco de 0,82 quilograma e, depois, 1×10 *swings* com um taco padrão de 0,85 quilograma, repousando por 90 segundos entre as séries. O jogador repetirá essa sequência mais quatro vezes, tanto com *swings* de treinamento realizados na sala de musculação (sem bater na bola) como com *swings* práticos realizados em campo. Uma fita de chumbo pode ser colocada no ponto ideal de um taco de beisebol ou softbol padrão para torná-lo mais pesado. Rebatedores de beisebol podem usar um taco de softbol como taco mais leve. Depois de duas semanas, progrida a sequência, aumentando o peso do taco pesado e reduzindo o do taco leve (o jogador de beisebol universitário, no nosso exemplo, progrediria para *swings* de 0,91 quilograma, 0,79 quilograma e 0,85 quilograma). Após mais duas semanas, progrida a sequência, aumentando ainda mais o peso do taco pesado e reduzindo o do taco leve (o jogador, no nosso exemplo, progrediria para *swings* de 0,94 quilograma, 0,77 quilograma e 0,85 quilograma). Os jogadores continuariam a ter 15 séries totais de 10 *swings*, cinco séries com cada taco pesado. Os pesos nunca devem diferir mais de 12% do peso do taco padrão usado pelo jogador. Por exemplo, um jogador que normalmente usa um taco de 0,85 quilograma não deve usar um taco mais pesado do que 0,96 quilograma ou mais leve do que 0,74 quilograma.

CAPÍTULO 7

Basquete

Russ Malloy

Atletas de basquete mantêm vários padrões de movimentos diferentes durante a competição e o treinamento. Durante uma mudança explosiva de direção em razão de um drible ou em uma luta pelo rebote, o *core* representa a conexão biomecânica entre os membros e o tronco e é responsável por gerar estabilidade e mobilidade durante a produção e a absorção de força nos diferentes planos de movimento (McGill, 2009). As forças produzidas por movimentos específicos do basquete, como o arremesso e a bandeja, são transmitidas pelo *core*, estimulando múltiplas ações musculares para manter o controle postural e o equilíbrio (Gambetta, 2007). Condicionar a musculatura do *core* para os padrões de movimentos multiplanares é essencial para a melhora do desempenho e a prevenção de lesões quando se implementa um programa de desenvolvimento atlético específico para as demandas do esporte.

Preparar o corpo para a competição envolve uma compreensão holística dos diferentes aspectos sinérgicos do movimento funcional humano. Padrões de movimentos específicos do esporte são treinados e melhorados por meio de um esforço consciente para fortalecer e condicionar a musculatura do *core* para sincronizar suas funções (Roetert, 2001). Os músculos do *core* conectam os membros inferiores, a pelve, a coluna, as costelas e os membros superiores em uma cadeia cinética (Gambetta, 2007; McGill, 2009). Conforme a musculatura do *core* se adapta aos movimentos, ativando e desativando, o controle motor mostrado é um reflexo da capacidade dinâmica para se preparar e reagir a forças de desestabilização causadas pela gravidade ou por um adversário. Desenvolver o *core* é essencial para um bom desempenho, desde a prática esportiva na juventude até o nível profissional.

O basquete é um esporte que exige muitas mudanças na posição do corpo. Um defensor pode alterar as posições do corpo, o que requer uma ativação variada da musculatura do *core* (por exemplo, a transição inicial de uma corrida pela quadra para uma postura atlética defendendo um drible, para, depois, fazer uma extensão de quadril e bloquear um arremesso e aterrissar defendendo o garrafão). No ataque, no papel do condutor de bola, driblar pelo chão impõe novas exigências sobre a musculatura do *core*, por causa da atividade unilateral, combinados com a troca de mãos no drible (McGill, 2009). Movimentos de mudança de direção forçam os músculos do *core* de modo diferente, e fazer um passe e, simultaneamente, colocar o corpo em posição de arremesso impõe ainda mais demandas.

O contato também é parte do esporte, com os atletas utilizando seus corpos para criar e absorver impactos quando fazem um corta-luz no caminho de um adversário ou quando se posicionam fisicamente no garrafão para tentar levar vantagem. Muitas posições são feitas com os braços levantados, o que muda o centro de gravidade dos atletas (Cook, 2003; Gambetta, 2007). Seja pegando um rebote, arremessando de longe, tentando uma bandeja ou fazendo uma enterrada, os braços estendidos trabalham em conjunto com os músculos do *core* para obter o alcance desejado e manter o equilíbrio durante o salto e a aterrissagem. A cada jogo, a musculatura do *core* pode ser necessária para estabilizar, ativar, produzir força, absorver força e, depois, ativar e estabilizar novamente durante todo o jogo. Uma abordagem inteligente do treinamento muscular do *core* facilitará os resultados benéficos para o atleta.

LeBron James demonstra sua incrível habilidade usando os músculos do *core* para alcançar altura e posição, fazendo uma enterrada poderosa e mantendo excepcional controle de seu corpo em todas as fases da manobra.

CRIANDO UM PROGRAMA DE DESENVOLVIMENTO DO *CORE*

O uso de um programa de condicionamento muscular do *core* bem plane-jado permitirá que jogadores de basquete de diferentes níveis desenvolvam músculos do *core* funcionalmente eficientes, proporcionando uma base sólida para executar movimentos esportivos dinâmicos. O objetivo deste programa é apresentar aos jogadores técnicas de desenvolvimento muscular do *core* para melhorar o desempenho, prevenir lesões e ajudar a prolongar a saúde dos tecidos passivos da coluna vertebral (McGill, 2009; Zatsiorsky e Kraemer, 2006). O programa de condicionamento muscular do *core* deverá integrar as diferentes funções do complexo lombo-pelve-quadril que estão ativas du-rante a competição. Essas funções incluem estabilização, flexão, extensão, rotação e flexão lateral (McGill, 2009).

O objetivo para iniciantes (Tabela 7.1) é ensinar a estabilizar o tronco e desenvolver uma base sólida para se preparar para exercícios de obtenção de força e condicionamento físico mais exigentes para os músculos do *core*. No nível intermediário (Tabela 7.2), os jogadores continuam obtendo estabilida-de à medida que adicionam componentes de mobilidade. O condicionamento físico intermediário e avançado do *core* (Tabela 7.3) traz faixas funcionais de movimento mais desafiadoras, que são padronizadas de acordo com os movimentos específicos do esporte efetuados durante a competição. O con-dicionamento físico de nível avançado (Tabela 7.4) envolve mais padrões de movimentos funcionais específicos do esporte e coloca níveis cada vez mais elevados de tensão na musculatura do *core* (Gambetta, 2007; Zatsiorsky e Kraemer, 2006).

Deve ser dada atenção especial aos atletas mais altos no desenvolvimento de um programa de treinamento muscular do *core*. Jogadores de 2 metros ou mais são geralmente colocados perto da cesta e experimentam uma maior absorção de força e tonificação na musculatura lombar que jogadores de outras posições (McGill, 2009). Atletas mais altos também podem sentir dificuldade em manter a posição atlética, de joelhos flexionados, por causa de dor no joelho relacionada à falta de força e de flexibilidade na perna pro-venientes do complexo lombo-pelve-quadril (Cook, 2003; French, 2009). Se existem problemas de joelho e de flexibilidade em atletas mais altos, essas áreas devem ser abordadas em conjunto com o programa de condicionamento muscular do *core*.

Antes de cada treino, é recomendável que o atleta prepare a musculatura do *core* com um aquecimento dinâmico (Gambetta, 2007). Isso leva o corpo por escalas de movimento que imitam os do esporte e aumenta a flexibilidade. Incentiva-se o uso de uma técnica própria de liberação miofascial, como o rolamento com tubo de espuma, para reforçar a preparação do tecido antes da atividade, bem como um desaquecimento organizado pós-treino ou na sequência da competição.

Tabela 7.1 Programa de desenvolvimento do *core* para basquete – nível iniciante

Exercício	Séries e repetições
Abdominal na bola suíça	2 × 10
Ponte sobre os ombros na bola suíça com flexão de pernas	2 × 10
Prancha ventral	2 × segurar por 20 s
Arremesso de *medicine ball* com rotação	2 × 10 de cada lado
Corte na diagonal com anilha	2 × 10 de cada lado
Arremesso de *medicine ball* com a mão por baixo	2 × 10

Tabela 7.2 Programa de desenvolvimento do *core* para basquete – nível intermediário

Exercício	Séries e repetições
Abdominal em polia alta	2 × 12
Bird dog	2 × 12 cada ombro/quadril
Prancha ventral	2 × segurar por 30 s
Abdominal com rotação em polia alta	2 × 12 de cada lado
Lenhador baixo/alto com corda	2 × 12 de cada lado
Passe de peito sentado com *medicine ball*	2 × 12
Inclinação lateral com halteres	2 × 12

Tabela 7.3 Programa de desenvolvimento do *core* para basquete – nível intermediário até avançado

Exercício	Séries e repetições
Elevação de joelhos em suspensão	2 × 15
Hiperextensão/Extensão de costas	2 × 15
Prancha ou ponte lateral	2 × segurar por 30 s
Russian twist	2 × 15 de cada lado
Arremesso de *medicine ball* com rotação	2 × 15
Arremesso de *medicine ball* acima da cabeça	2 × 15
Flexão lateral com cabo	2 × 15 de cada lado

Tabela 7.4 Programa de desenvolvimento do *core* para basquete – nível avançado

Exercício	Séries e repetições
Elevação de perna suspensa	2 × 10
Extensão de costas com suporte	2 × 20 de cada lado
De prancha a *pike-up* na bola suíça	2 × 20
Elevação lateral de pernas	2 × 20 de cada lado
Pullover com *medicine ball*	2 × 20
Corte na diagonal com anilha	2 × 20
Arremesso de *medicine ball* no chão	2 × 10
Lançamento de *medicine ball* de costas	2 × 20

EXERCÍCIOS DO *CORE* EXCLUSIVOS PARA BASQUETE

Jogadores de basquete devem fazer vários exercícios nos quais é necessário suportar o peso corporal em uma única perna, enquanto levantam peso com o braço contralateral. Também podem ser feitos treinos para interferir no equilíbrio mediante a aplicação de força em um jogador com um equipamento acolchoado enquanto ele mantém uma posição defensiva e o tronco rígido. É particularmente importante treinar movimentos acima da cabeça quando estiver em pé, e as *medicine balls* podem ser usadas para simular certas habilidades, como rebote ou passe. Jogadores que têm mais de 2 metros de altura devem limitar os exercícios que demandem o levantamento de pesos do chão por causa da potencial flexão excessiva da coluna vertebral. A melhor estratégia para jogadores mais altos é levantar pesos em postura atlética a partir do nível do joelho.

CAPÍTULO 8

Futebol americano

Patrick McHenry

O futebol americano é um esporte de solo que exige força explosiva e a capacidade de iniciar ações musculares de alta velocidade nos membros superiores e inferiores. O *core* é a ligação cinética crucial entre as pernas e o quadril, onde se desenvolve a potência, e os braços e ombros, onde a energia é aplicada em habilidades como bloquear o adversário ou alcançar um passe. A debilidade na musculatura do *core* interfere na transferência de potência. O condicionamento da musculatura do *core* é, portanto, essencial para ajudar os jogadores de futebol americano a melhorarem seu desempenho e reduzirem o risco de lesões.

Desenvolver a musculatura do *core* permite a um jogador manter a postura correta na execução de habilidades específicas do futebol americano. A preparação da musculatura do *core* para o futebol americano exige mais do que realizar abdominais parciais e completos, que treinam principalmente o reto do abdome no plano sagital. Outros movimentos que incluem os músculos do *core* também precisam ser feitos em outros planos de movimento e parado, em uma postura de futebol americano. Os objetivos específicos para o futebol americano para o *core* envolvem a manutenção da ativação do tronco, com ações integradas dos membros superiores e inferiores.

Os atletas devem ser ensinados a estabilizar suficientemente a coluna vertebral enquanto se movem em exercícios específicos do futebol americano. Por isso, o uso de um cinto de peso durante o treinamento resistido pode ser prejudicial. Quando um jogador de futebol americano usa um cinto de peso durante o treinamento resistido, ele não aprende a estabilizar a coluna vertebral durante o movimento. Ao longo de cada um dos exercícios listados neste capítulo, o treinador deve incentivar os atletas a se estabilizar enquanto se movem.

Para desenvolver os músculos do *core* e melhorar o desempenho no futebol americano, uma grande variedade de exercícios pode ser usada com pesos livres, *medicine balls* e sacos de areia. Esses exercícios podem ser realizados durante todo o ano, variando as séries e as repetições para coincidir com os objetivos do programa de treinamento sazonal. Exercícios com *medicine ball* e sacos de areia podem ser incorporados aos ciclos de pré-temporada e temporada, como treinos em campo, eliminando o tempo extra na sala de musculação antes ou depois do treino. Quando os atletas estão na sala de musculação, exercícios específicos, que têm como alvo os músculos do *core*, podem ser feitos como aquecimento antes de outros levantamentos em solo com cargas mais pesadas.

Os exercícios indicados nos Quadros 8.1 e 8.2 são utilizados para preparar as funções de estabilização da musculatura do *core*.

Quadro 8.1   Exercícios-chave de levantamento

Levantamento na máquina de glúteos
Agachamento de arranco
Lenhador baixo/alto com corda
Lenhador alto/baixo com corda
Rotação de tronco com barra
Levantamento terra com barra

Quadro 8.2   Exercícios-chave com *medicine ball*

Arremesso de *medicine ball* na parede com rotação
Arremesso de *medicine ball* de costas
Pullover com *medicine ball*
Arremesso de *medicine ball* – movimento contrário com a mão por baixo
Arremesso de *medicine ball* no chão com rotação
Passe de peito sentado com *medicine ball*

DESENVOLVIMENTO DO PROGRAMA

A Tabela 8.1 apresenta diretrizes para desenvolver um programa de treinamento muscular do *core* para futebol americano. O período fora da temporada é um ótimo momento para ensinar os levantamentos aos jogadores de futebol americano novatos e reforçar a técnica com os jogadores veteranos. Portanto, durante o período fora da temporada, o peso deve ser mais leve, com maior foco na mecânica de levantamento. Durante a pré-temporada, os jogadores podem utilizar pesos e velocidades de elevação maiores, com maior foco em maximizar força e potência. Durante a temporada, o volume de treinamento é reduzido, com o objetivo de manter a musculatura do *core* em forma.

Tabela 8.1 Volume de desenvolvimento do *core* por temporada

	Pré-temporada	Temporada	Fora da temporada
Dias por semana	4 a 5	2	4 a 5
Quantidade de exercícios	3 a 5	2 a 4	3 a 5
Séries/Repetições	3 a 5/10 a 15	2 a 4/5 a 10	3 a 5/15 a 20

EXERCÍCIOS DO *CORE* EXCLUSIVOS PARA O FUTEBOL AMERICANO

Outros levantamentos básicos, como todas as variações de agachamentos, de levantamentos terra e de desenvolvimentos, treinam a musculatura do *core*. Os exercícios descritos nos Quadros 8.1 e 8.2 são exercícios adicionais para maior foco nos músculos do *core*. Exercícios tradicionais, como o supino com barra, podem ser adaptados especificamente para o futebol americano e para o maior envolvimento musculatura do *core*, por meio de supino em posição ereta com o uso de cabos ou equipamentos destinados a esse propósito. Por fim, implementos não tradicionais, como pesos e pneus cheios de água, semelhantes aos usados em treinamentos tipo *strongman*, também podem ser usados para treinar os músculos do *core* como parte de padrões de movimento de integração total do corpo.

CAPÍTULO 9

Golfe

Greg Rose

O segredo para um *swing* preciso e poderoso no golfe é uma boa mecânica de *swing* combinada com um corpo em forma. O desenvolvimento de uma boa mecânica de *swing* guarda semelhanças com o funcionamento de um computador; uma combinação de um bom *software* (ou seja, mecânica de *swing*) e um bom *hardware* (ou seja, o corpo) faz o computador eficiente. Infelizmente, muitos jogadores concentram esforços no desenvolvimento do *software* perfeito (ou seja, a mecânica do *swing*), negligenciando o *hardware* (ou seja, o corpo) que executa o *software*. As diferenças positivas e permanentes na mecânica do *swing* são conseguidas treinando o corpo para se mover de forma eficiente.

Na indústria de computadores, o *hardware* começa com a unidade central de processamento (CPU, na sigla em inglês). Ela contém todos os componentes fundamentais do sistema e liga os outros periféricos, como a unidade de disco, o monitor e o *mouse*. No corpo, a musculatura do *core* pode ser comparada a uma CPU. A musculatura do *core* inclui não só os músculos abdominais; os músculos que agem sobre os quadris e a coluna vertebral também estão incluídos nesse grupo. A musculatura do *core* contribui para um *swing* eficaz no golfe por meio do armazenamento e da liberação de energia elástica conforme o tronco gira e transfere velocidade para a cabeça do taco.

No golfe, músculos do *core* resistentes à fadiga são a chave para um *swing* eficiente e poderoso. A sequência correta para o *swing* no golfe é a seguinte: (1) os músculos inferiores do *core* iniciam o movimento; (2) os músculos da região torácica continuam o movimento e aumentam a velocidade; (3) os músculos do ombro continuam o movimento e a aumentar a velocidade; e (4) o taco atinge a bola com velocidade máxima. Um ponto-chave é que a cabeça do taco é o elo mais distal nessa sequência; a velocidade máxima do taco é conseguida por meio de movimento eficiente em outros elos da cadeia cinética.

O golfe requer que o jogador armazene e libere, de forma eficiente, energia elástica por meio dos músculos que ligam quadris, coluna e ombros, liberando essa energia de uma maneira explosiva. Os músculos do quadril (por exemplo, glúteo máximo, glúteo médio e adutores) são uma importante fonte de potência para o *swing* no golfe. Uma boa mobilidade nos quadris permite aos jogadores ativar esses músculos durante o *backswing*. Uma vez que esses músculos são ativados, há uma contração sequencial explosiva que ocorre durante a transição do *backswing* para o *downswing*.

Exercícios que focam carga, armazenamento e liberação de energia elástica nos músculos do quadril são essenciais para um *swing* de golfe poderoso. A chave para a consistência no *swing* dos melhores golfistas do mundo é a resistência à fadiga e a explosão dos músculos inferiores do *core*. Os oblíquos transferem energia elástica do *core* inferior para a parte superior do tronco e os ombros. Fraqueza em qualquer uma dessas áreas pode levar à ineficiência na transferência de energia, resultando em baixa velocidade do taco. Os músculos da região lombar, principalmente os eretores da espinha e o multífido, além do transverso do abdome, do oblíquo e do reto do abdome, estabilizam o tronco durante o *downswing*, antes e depois do contato com a bola.

Portanto, os músculos do *core* devem ser treinados para estabilização e funções dinâmicas para obter um *swing* eficaz no golfe. Qualquer programa de exercício idealizado para desenvolver um jogador de golfe deve concentrar-se nos músculos do *core* para obter resultados positivos e consistentes. Então, como vamos colocar todas essas informações em um treino específico para o golfe? O treino muscular do *core* pode ser organizado em três partes: mobilidade, estabilidade e potência do *core*.

MOBILIDADE DO *CORE* PARA O GOLFE

Para a mobilidade muscular do *core*, o foco está no movimento dos quadris e da coluna de uma maneira específica para o *swing* do golfe. Essas articulações devem ter um intervalo de movimento adequado para obter um *swing* eficaz no golfe; ambas as áreas precisam de mobilidade em rotação e extensão. O Quadro 9.1 lista os exercícios para desenvolver a mobilidade necessária.

Quadro 9.1   Exercícios de mobilidade do *core*

Faça os seguintes exercícios diariamente. Repita todos os quatro exercícios até um total de 3 séries de 10 repetições, em circuito; mantenha cada alongamento por um período de 30 segundos a 2 minutos.
Alongamento do flexor do quadril com rotação dinâmica do tronco
Estrela do mar com faixa de resistência
Caixa torácica livro aberto
Extensão

ESTABILIDADE DO *CORE* PARA O GOLFE

Para estabilizar o *core*, o foco é o trabalho em sinergia sobre os glúteos, os músculos abdominais e os lombares; depois, adiciona-se a rotação do tronco, para simular a mecânica do *swing* do golfe (Quadro 9.2).

Quadro 9.2   Exercícios de estabilidade do *core*

Faça estes exercícios três dias por semana. Faça 5 séries de 10 repetições, mantendo cada exercício por 45 segundos, em circuito.
Ponte sobre os ombros na bola suíça
Ponte lateral
Prancha ventral

POTÊNCIA DO *CORE* PARA O GOLFE

Uma vez que uma base adequada foi alcançada por meio de exercícios isométricos de ponte, o foco muda para o desenvolvimento de potência na musculatura do *core* com exercícios de alta velocidade que envolvem a rotação do tronco. Faça os exercícios do Quadro 9.3 nos dias de folga dos treinos de estabilidade.

Quadro 9.3   Exercícios de força do *core*

Realize 5 séries de 10 repetições de cada exercício em circuito, com repouso de 1 minuto. Treine ambos os lados do corpo com o mesmo número de repetições. Acelere na fase concêntrica.
Arremesso de *medicine ball* com rotação
Arremesso de *medicine ball* na parede com rotação
Lenhador baixo/alto com corda
Lenhador alto/baixo com corda

EXERCÍCIOS DO *CORE* EXCLUSIVOS PARA O GOLFE

Várias ferramentas de treinamento podem ser usadas para abordar de forma efetiva a força muscular do *core* em golfistas. Bastões com peso entre 2 e 4,5 quilogramas podem ser usados para simular um taco de golfe, sobrecarregando as ações da articulação envolvidas no *swing*. É particularmente importante fazer exercícios no solo que enfoquem os estabilizadores dinâmicos e as funções da musculatura central nos planos de movimento sagital, frontal, transversal e diagonal. Podem ser prescritos exercícios que envolvam cordas e faixas de resistência, incorporando as ações sinérgicas de múltiplos elos na cadeia cinética dos membros inferiores, do tronco e dos membros superiores.

CAPÍTULO 10

Hóquei no gelo

Joel Raether

O hóquei exige que seus praticantes dominem muitas habilidades para triunfar. É um esporte anaeróbio de alta velocidade que envolve aceleração, desaceleração, paradas bruscas e força explosiva (Twist, 2001). Executar movimentos rotacionais que provocam elevados níveis de atividade muscular do *core* é imprescindível para um jogador de hóquei. Nesse esporte, os movimentos de rotação ocorrem nos quadris, no tronco e nos ombros. Aproximadamente 30% a 50% da força gerada do movimento de rotação vem dos quadris e dos ombros (Yessis, 1999). Além disso, Wells e Luttgens (1976) demonstraram que, durante o *slap shot*, 25% da força foi gerada do tronco, 40% a 45%, dos ombros e 30% a 35%, do cotovelo e do pulso.

Dada a natureza complexa, rápida e variável do jogo, é crucial que o programa de desenvolvimento do *core* leve em consideração todas as necessidades de um jogador de hóquei, do desempenho em alto nível até a prevenção de lesões. Movimentos comuns, como o *slap shot*, requerem movimento de rotação efetivo do tronco, por isso, a musculatura do *core* deve ser treinada para ações repetitivas consistentes e para resistência à fadiga. Com relação à importância de se abordar a musculatura do *core*, McGill (2004) declarou: "Os programas mais bem-sucedidos parecem enfatizar a estabilização do tronco por meio de exercícios com a coluna em posição neutra ao mesmo tempo que destacam a mobilidade dos quadris". Da mesma forma, se um atleta tem os músculos abdominais fracos, há potencial para anteversão sem oposição da pelve, o que pode levar à hiperextensão e à tensão excessiva sobre a coluna lombar (Porterfield e Derosa, 1998). Portanto, o fortalecimento dos músculos abdominais é muito importante para o hóquei, porque o atleta joga com o quadril flexionado e a pelve inclinada anteriormente. Para o desenvolvimento muscular do *core* específico para o hóquei, os exercícios devem ser criados para incorporar segmentos diferentes da cadeia cinética (Szymanski, DeRenne e Spaniol, 2009).

São particularmente importantes para o hóquei os músculos do *core* que agem no complexo lombo-pelve-quadril (LPQ). O complexo LPQ sofre a ação de 29 pares de músculos (excluindo os músculos do assoalho pélvico), 16 dos quais agem para rotacionar o quadril externamente ou internamente (Fredericson e Moore, 2005; Goodman, 2004; Ninos, 2001). Do complexo LPQ, as forças são absorvidas ou entregues durante a patinação (aceleração, desaceleração, controle) e os movimentos do bastão (passe, tiro, controle) e, depois, transferidas para as regiões mais altas do tronco e para os ombros. A forte conexão entre o complexo LPQ, o tronco e os ombros é evidente. Se o atleta não tem a mobilidade nos quadris para girar e a estabilidade no complexo LPQ para manter o equilíbrio ou a força, a potência e a capacidade de rotação de tronco e ombros para aplicação de força, a tarefa não será bem-sucedida. Além disso, se o atleta tem deficiência em qualquer uma dessas áreas, por causa da natureza repetitiva das habilidades, o risco de lesão pode aumentar.

Os músculos do *core* que atuam sobre a coluna vertebral torácica e a cintura escapular também são importantes para o movimento de rotação do tronco e dos ombros, respectivamente. Com 40% a 45% da força de rotação sendo derivados da região do ombro, é fundamental que haja equilíbrio nos músculos anterior e posterior da parte superior do corpo. Os músculos peitoral maior, grande dorsal, deltoide anterior e tríceps braquial são essenciais na geração de força para o disparo, e os músculos do manguito rotador e da parte superior das costas são essenciais na desaceleração da cintura escapular em habilidades como o manuseio do bastão e o disparo do disco. São três as considerações para o desenvolvimento da musculatura do *core*: (1) estabelecer mobilidade nos quadris, para que o atleta tenha a capacidade de se mover plenamente em todos os planos de movimento com eficácia e eficiência; (2) garantir que o complexo LPQ tenha a capacidade de estabilizar todas as estruturas na área e em torno dela, para que o atleta possa acelerar, desacelerar e fornecer altos níveis de força; e (3) estabelecer mobilidade na coluna torácica, permitindo a rotação necessária para o jogo.

O hóquei exige bom funcionamento dos músculos do *core* para proporcionar estabilidade da coluna e mobilidade do tronco. O profissional de força e condicionamento físico precisa levar em conta a importância da conexão por meio da cadeia cinética na produção de movimentos eficientes. O hóquei requer uma combinação complexa de estabilidade e mobilidade; portanto, serão obtidos melhores resultados com o estabelecimento de um programa progressivo de desenvolvimento muscular do *core* que siga uma sequência de exercícios que exigem tanto estabilidade como mobilidade, com eventual progressão para movimentos de rotação de alta força.

EXERCÍCIOS DE ESTABILIDADE E MOBILIDADE DO *CORE*

A Tabela 10.1 é um exemplo de um programa de desenvolvimento muscular do *core* para o hóquei, que evolui do nível básico para o intermediário e o avançado. Os jogadores devem começar com uma ou duas sessões por semana e passar para duas ou três sessões por semana.

Tabela 10.1 Programa de desenvolvimento muscular do *core* para hóquei no gelo

Exercícios de nível básico: faça 1 ou 2 sessões por semana	Semana 1
Abdominal lateral na bola suíça	2 × 10
Abdominal com rotação na bola suíça	2 × 10
Pêndulo reverso	2 × 10
Bird dog	2 × 10 cada
Elevação de joelhos em suspensão	2 × 10
Exercícios de nível básico e intermediário: faça 2 ou 3 sessões por semana	**Semana 2**
Lenhador alto/baixo com corda	2 × 10 cada
Lenhador baixo/alto com corda	2 × 10 cada
Russian twist	2 × 10 cada
Passe de peito sentado com *medicine ball*	2 × 10
Arremesso de *medicine ball* – movimento contrário com a mão por baixo	2 × 10 cada
Arremesso de *medicine ball* no chão	2 × 10 cada

Continua

Continuação

Exercícios de nível intermediário: faça 2 ou 3 sessões por semana	Semana 3
Corte na diagonal com anilha	2 × 15 cada
Flexão lateral com halteres	2 × 15 cada
Arremesso de *medicine ball* na parede com rotação	2 × 15
Hiperextensão reversa na bola suíça	2 × 15 cada
Abdominal com rotação em polia alta	2 × 15
Exercícios de nível avançado: faça 3 sessões por semana	**Semana 4**
Rolagem da barra	2 × 20
Agachamento búlgaro	2 × 20 cada
Samurai três pontos	2 × 20 cada
Elevação lateral de pernas	2 × 20 cada
Hiperextensão com rotação na bola suíça	2 × 20 cada
Arremesso de *medicine ball* no chão com rotação	2 × 20

EXERCÍCIOS DO *CORE* EXCLUSIVOS PARA HÓQUEI NO GELO

Desenvolver e manter altos níveis de mobilidade do quadril e do ombro é imprescindível para um desempenho eficaz no hóquei. O *slap shot* exige rotação externa e interna do ombro durante as fases de *windup* e *downswing*, respectivamente. Além disso, patinar requer mobilidade multiplanar e produção de força pelos quadris, que são facilitadas por meio de um *core* estável. Os exercícios para mobilidade dos quadris podem incluir movimentos laterais das pernas, postura em quatro apoios com circundução do quadril e exercícios com obstáculos altos que se concentram em flexão, extensão, abdução, adução e rotação interna e externa do quadril.

CAPÍTULO 11

Futebol

Brijesh Patel

Ofutebol é o esporte mais praticado no mundo. É um jogo extremamente exigente, que depende de muitas qualidades atléticas diferentes. Velocidade, agilidade, potência, flexibilidade, força e capacidade aeróbia e anaeróbia são as habilidades que devem ser treinadas para jogar no mais alto nível.

O futebol é jogado em um campo grande, durante um período de 90 minutos, dividido em dois tempos de 45 minutos, com um intervalo de, no máximo, 15 minutos. Os jogadores podem percorrer de 8 a 12 quilômetros durante um jogo, divididos em 24% caminhando, 36% correndo em ritmo lento, 20% no encalço do adversário, 11% correndo em arrancada, 7% movendo-se para trás e 2% movendo-se com a bola (Reilly, 1996). Jogadores de futebol têm uma grande capacidade aeróbia, com níveis de VO_2máx entre 55 ml e 70 ml/kg/min nos atletas profissionais (Bangsbo, 1994; Bangsbo, Nørregaard e Thorsøe, 1991). A partida de futebol é jogada em uma intensidade média próxima do limiar de lactato – cerca de 80% a 90% da frequência cardíaca máxima (Reilly, 1996; Helgerud et al., 2001). Essas estatísticas demonstram a importância do treinamento tanto da capacidade aeróbia como da anaeróbia no condicionamento físico de jogadores de futebol.

O futebol nos Estados Unidos está se tornando cada vez mais físico, por causa do foco no treinamento de força, que desempenha um papel importante na capacidade de produzir força e potência, mas, também, na prevenção de lesões. Ao se melhorar a capacidade de um atleta de produzir força e trabalhar, há um aumento do potencial para transferir a força produzida para o desempenho em campo. Como resultado do treinamento de força e potência, um atleta move-se mais rápido e ganha explosão com um movimento mais eficiente. Músculos do *core* bem condicionados são essenciais para ajudar os jogadores de futebol a se mover com eficiência e reduzirem o risco de lesões.

IMPORTÂNCIA DO DESENVOLVIMENTO DO *CORE* PARA O FUTEBOL

O futebol envolve um grande número de movimentos diferentes em todos os três planos. Esses movimentos são altamente coordenados e requerem uma grande quantidade de transferência de energia por meio do tronco, da parte inferior e da parte superior do corpo. Sem um tronco estável, os braços e as pernas não conseguem executar de forma efetiva movimentos potentes durante a competição. Um tronco estável permite aos jogadores de futebol manterem uma postura ereta e ajuda o sistema respiratório no fornecimento do fluxo de ar necessário para o consumo máximo de oxigênio, o que contribui para um melhor desempenho.

A realização de uma variedade de movimentos para o *core* melhora a capacidade dos jogadores de absorverem forças externas e reduz o risco de lesões. A prescrição unicamente de abdominais parciais e completos pode levar a desequilíbrios musculares e deficiências na capacidade da cadeia cinética de absorver forças externas e iniciar mudanças bruscas de direção. Por exemplo, os abdominais completos ativam o reto do abdome nos primeiros 10 ou 30 graus do exercício, ao passo que o restante do exercício é auxiliado pelos flexores do quadril. O encurtamento excessivo dos flexores do quadril faz a pelve inclinar-se anteriormente, resultando em hiperextensão da coluna lombar e inibição recíproca do glúteo máximo. A inibição recíproca ocorre quando um músculo de um lado de uma articulação (agonista) está ativo e o músculo oposto, do outro lado da articulação (antagonista), relaxa, para permitir que o agonista faça o movimento. Nessa situação, uma vez que os flexores do quadril são encurtados e acionados, o glúteo máximo relaxa e desliga. Isso causa uma ativação compensatória dos isquiotibiais e da musculatura lombar para realizar movimentos (correr, caminhar, pular). Esses padrões de recrutamento inadequados podem levar a lesões por sobrecarga, como tensão nos isquiotibiais, nos flexores do quadril e na virilha, como dores nas costas ou, ainda pior, hérnias esportivas. Por isso, é importante fazer uma abordagem equilibrada no condicionamento da musculatura do *core*, que contribua para padrões de movimentos mais eficientes.

Os chutes a gol devastadores de Abby Wambach são uma consequência do seu *core* bem desenvolvido e de uma transferência otimizada de potência.
© Bill Streicher/Icon SMI

SEQUÊNCIA MOBILIDADE-ESTABILIDADE

Cada articulação do corpo requer certa estabilidade ou mobilidade. Estabilidade é a capacidade de controlar a força ou o movimento, ao passo que mobilidade é a capacidade de mover-se livremente; uma boa mobilidade articular exige que os músculos ao redor da articulação se contraiam e relaxem efetivamente, para permitir um movimento suave e fluido. O *core* é constituído por múltiplas articulações, como as articulações intervertebrais da coluna e as articulações iliofemorais dos quadris. Assim, a função primária dos músculos do *core* é proporcionar estabilidade, de modo que a mobilidade possa ser mais bem atingida nas articulações dos membros superiores e inferiores e a força possa ser transferida por esses segmentos cinéticos de forma mais eficiente. Um bom desenvolvimento muscular do *core* para o futebol envolve uma abordagem equilibrada, que garanta a estabilidade da coluna vertebral e a mobilidade do quadril (McGill, 2004). Essa abordagem ajuda a preparar os atletas de futebol para as demandas do jogo.

PROGRESSÃO

A progressão dos exercícios é uma variável muitas vezes negligenciada em muitos programas. Não incluir progressões em treinamento físico aumenta o risco de lesões. O atleta deve ser capaz de executar cada exercício com controle perfeito. Os jogadores não devem passar para a próxima fase de exercícios até que possam realizar os exercícios em sua fase atual corretamente. As Tabelas 11.1 a 11.3 mostram exemplos de programas de desenvolvimento do *core* para jogadores de futebol de níveis iniciante, intermediário e avançado.

Tabela 11.1 Programa de desenvolvimento do *core* para futebol – nível iniciante

Treino do dia	Exercício	Séries e repetições
1	Prancha ventral	3 × 40 s
	Hiperextensão na bola suíça	3 × 12
2	*Bird dog*	3 × 12 de cada lado
	Flexão lateral com halteres	3 × 12 de cada lado
3	Abdominal na bola suíça	3 × 12
	Dead bug	3 × 40 s

Tabela 11.2 Programa de desenvolvimento do *core* para futebol – nível intermediário

Treino do dia	Exercício	Séries e repetições
1	Prancha ventral com extensão do quadril	3 × 60 s cada perna
	Flexão lateral com cabo	3 × 15
2	Abdominal em polia alta	3 × 15
	Levantamento na máquina de glúteos	3 × 15
3	Ponte sobre os ombros na bola suíça com flexão de pernas	Manter por 60 s
	Leg lower	3 × 15

Tabela 11.3 Programa de desenvolvimento do *core* para futebol – nível avançado

Treino do dia	Exercício	Séries e repetições
1	Rolagem da barra	3 × 25
	Rotação de tronco com barra	3 × 25
2	Abdominal em V com anilha	3 × 25
	Elevação lateral de pernas	3 × 25 de cada lado
3	Arremesso de *medicine ball* – movimento contrário com a mão por baixo	3 × 10 de cada lado
	Arremesso de *medicine ball* acima da cabeça	3 × 10 de cada lado

EXERCÍCIOS DO *CORE* EXCLUSIVOS PARA FUTEBOL

Exercícios de estabilidade do *core* podem ser incluídos entre treinos de futebol. Por exemplo, vários tipos de pranchas podem ser realizados no campo de grama entre os intervalos de condicionamento. Como um *core* estável é fundamental para o controle dos membros inferiores no drible, no passe e no chute de uma bola de futebol, os jogadores podem incorporar vários movimentos dos membros inferiores (como flexão, extensão, abdução, adução, rotação interna e externa) em conjunto com as pranchas. Lançamentos laterais com a bola de futebol podem ser alternados com séries de arremessos de *medicine ball* no campo, para abordar diferentes pontos na curva de força--velocidade e treinar os músculos do *core* para taxas rápidas de desenvolvimento de força.

CONCLUSÃO

O desenvolvimento do *core* para atletas de futebol é muito mais que ficar no chão apenas fazendo abdominais completas. É preciso uma abordagem bem pensada para preparar adequadamente os músculos do *core* para a competição e, ao mesmo tempo, reduzir o risco de lesões.

CAPÍTULO 12

Natação

Scott Riewald

Nadar rápido depende da capacidade de um atleta de gerar, simultaneamente, força de propulsão com os braços e as pernas enquanto tenta minimizar a resistência de arrasto que ocorre na água. Apesar da força total do corpo ser importante, os nadadores mais rápidos são, geralmente, aqueles que são capazes de estabelecer, de forma efetiva, uma postura corporal aerodinâmica na água e, ao mesmo tempo, manter uma base de apoio da qual eles possam gerar propulsão com braços e pernas. Como na maioria dos esportes, o condicionamento muscular do *core* ao longo do tronco é extremamente importante para o desempenho na natação.

Entretanto, a natação é o único entre os esportes em que o atleta não tem interação com o solo, ainda assim ele precisa manter um tronco estável do qual as forças propulsoras possam ser geradas com os braços e as pernas. Em esportes praticados em terra, as forças de reação do solo são transferidas dos membros inferiores pela cadeia cinética; esse cenário permite que um jogador de tênis saque em alta velocidade ou que um atacante de futebol americano atravesse um bloqueio. Em contrapartida, um nadador não só deve envolver a musculatura do *core* efetivamente para ligar a parte superior do corpo com a parte inferior, mas, também, precisa manter a estabilidade da coluna vertebral, que vai estabelecer uma base de apoio da qual ele poderá executar uma mecânica de braçada adequada.

Músculos do *core* mal condicionados podem levar a falhas de técnica e ineficiências que podem afetar negativamente o desempenho e, até mesmo, causar lesões. Quando se trata de força e de condicionamento físico, os músculos do *core* são indiscutivelmente a mais importante área do corpo para se concentrar na natação, e um programa de treinamento eficaz deve tratar todos os músculos que compõem o *core* para alcançar o equilíbrio muscular que permite a movimentação eficaz em todos os planos.

Seja estilo livre, costas, borboleta ou peito, cada braçada depende de músculos do *core* bem condicionados para manter um tronco estável. Isso melhora o desempenho na natação de várias maneiras:

► *Manter uma postura ideal na água:* seja após fazer a volta na borda da piscina ou na superfície, os nadadores que mantêm uma postura ideal ("cavando" os menores buracos possíveis na água) reduzem o arrasto e fazem as forças propulsoras serem geradas mais eficazmente. Com pouca estabilidade do tronco, as pernas, provavelmente, vão cair, e muita energia será desperdiçada para arrastá-las pela água. Além disso, os nadadores que têm os músculos do *core* fracos podem fazer movimentos de rabo de peixe (movimentos laterais dos quadris e das pernas) a cada braçada e pernada, criando arrasto extra e reduzindo ainda mais o rendimento. Assim, uma grande vantagem de desenvolver a estabilidade do tronco por meio do bom condicionamento dos músculos do *core* é ser capaz de nadar mais rápido sem remar nem mover as pernas com mais força, simplesmente porque o arrasto é reduzido com o melhor alinhamento do corpo.

► *Estabelecer uma base de suporte estável:* já foi citado que a estabilidade do tronco promove a mobilidade do membro distal, e esse é, certamente, o caso na natação. Em outras palavras, ter uma boa estabilidade do tronco permite que um nadador use os braços e as pernas para fazer aquilo que deveriam fazer: gerar propulsão. Muitos nadadores que não têm estabilidade no tronco às vezes dependem de seus braços (por exemplo, braçadas mais amplas ou mais profundas) e de suas pernas (por exemplo, pernadas mais largas) para proporcionar o equilíbrio na água, especialmente na respiração. Por causa disso, o potencial de geração de propulsão dos braços e das pernas não é completamente alcançado. A estabilidade do tronco proporciona a base de suporte necessária para gerar movimento eficiente e propulsão com braços e pernas.

▶ *Aumentar a efetividade da pernada:* alguma vez você já tentou empurrar um pedaço de espaguete cozido pela mesa de jantar? Embora puxá-lo sobre a mesa seja muito fácil (como puxar o corpo pela água com os braços), é muito difícil empurrá-lo por causa da flacidez do espaguete cozido. Isso é como tentar usar a pernada para impulsionar você pela piscina quando você tem pouca estabilidade no *core*. Criar um vínculo rígido entre a parte superior e a inferior do corpo permite que as pernas impulsionem você pela água, em vez de confiar inteiramente em seus braços para impulsioná-lo.

▶ *Gerar rotação em crawl e costas:* a maioria dos nadadores, vez ou outra, ouviu que precisa girar a partir dos quadris nos nados *crawl* ou costas. Essa rotação do corpo é necessária para conseguir remadas e pernadas mais eficientes. Embora alguma rotação seja produzida pela pernada, a maior parte vem da musculatura do *core*, especialmente dos músculos oblíquos.

▶ *Armazenar e recuperar energia de deformação elástica:* músculos do *core* bem condicionados permitem que um nadador armazene a energia durante certas fases de uma braçada, que pode, então, ser recuperada mais tarde no ciclo da braçada (por exemplo, armazenar energia nos músculos do *core* conforme o tronco é levantado durante a respiração no nado de peito e, depois, recuperar conforme o corpo vai para a frente). Ter boa estabilidade no tronco também permite que as forças propulsoras derivadas da pernada impulsionem o corpo à frente, aumentando a potência gerada pela parte superior do corpo.

Em resumo, ter um tronco estável permite nadar mais rápido mediante geração de forças propulsoras maiores, melhor aerodinâmica e mecânica de braçada mais eficiente.

GUIA PARA DESENVOLVER OS MÚSCULOS DO *CORE* PARA A NATAÇÃO

Um programa de desenvolvimento do *core* eficaz para a natação deve incorporar os seguintes princípios:

▶ *Promover a estabilidade do tronco, e não apenas a força isolada:* a capacidade de manter o equilíbrio e a posição do corpo enquanto move os braços e as pernas é fundamental, e um programa eficaz para a natação deve incorporar movimentos dos membros com exercícios para os músculos do *core*.

▶ *Manter a curvatura normal da coluna:* a coluna vertebral é mais forte e mais estável quando está na sua curvatura normal. É preciso enfatizar a necessidade de manter essa postura.

▶ *Fazer exercícios para os músculos do core na água e na terra:* aproveite as oportunidades para desenvolver os músculos do *core* na água, usando pranchinhas e outros dispositivos para proporcionar um desafio de equilíbrio para o corpo no ambiente em que o esporte é praticado.

▶ *Trabalhar todos os músculos do core:* enfoque os extensores e os flexores do tronco na mesma medida. Geralmente, nadadores têm mais força na parte de cima do corpo, por isso, pode ser preciso dar mais ênfase para a extensão do tronco em alguns nadadores.

▶ *Usar novas ferramentas de treinamento de força que também promovam a estabilidade do tronco:* os sistemas de suspensão permitem que os nadadores desenvolvam a mobilidade distal ao mesmo tempo que exigem estabilidade do tronco.

▶ *Trabalhar a musculatura do core três ou quatro vezes por semana:* esses músculos são projetados para estarem ativos por longos períodos de tempo, mas princípios de treinamento adequados devem ser seguidos quanto ao tempo de recuperação entre as sessões de treinamento.

▶ *Seguir as progressões:* a estabilidade do tronco pode ser desenvolvida de forma mais eficaz seguindo uma progressão que vai de exercícios para iniciantes até exercícios avançados. Por exemplo, um nadador pode começar com uma ponte ventral com os dois joelhos e antebraços em uma superfície estável, como o chão. Porém, ao longo do tempo, a progressão pode significar deixar os cotovelos sobre uma bola suíça enquanto, alternadamente, levanta e estende um braço para fora da bola.

PROGRESSÕES DE EXERCÍCIOS DO *CORE* PARA NADADORES

Mantendo em mente os princípios mencionados, aqui estão exercícios e progressões que criam força muscular do *core* e estabilidade do tronco para os nadadores.

Progressão prancha ventral

1. Iniciante: os joelhos ou os dedos do pé e os antebraços devem estar em contato com o solo.
2. Intermediário: os antebraços devem ficar em uma bola suíça.
3. Avançado: levante, de forma alternada, cada pé de 7,5 a 15 centímetros do chão.
4. Avançado: levante, alternadamente, cada braço da bola estendendo acima da cabeça.

Progressão ponte sobre os ombros na bola suíça

1. Iniciante: os pés e os joelhos estão na bola suíça; levante a pelve para cima e abaixe, após contar até três.
2. Intermediário: o mesmo exercício para iniciante, porém mantendo uma perna estendida durante o movimento.
3. Avançado: os calcanhares estão na bola suíça; mantenha a posição de prancha.
4. Avançado: levante, de forma alternada, cada pé da bola.

Progressão ponte lateral

1. Iniciante: com o antebraço no chão, mantenha uma linha reta dos tornozelos até a cabeça.
2. Intermediário: levante a perna de cima de 30 a 60 centímetros do chão.
3. Avançado: faça uma ponte lateral com remada de um único braço.

Progressão *dead bug*

1. Iniciante: com os joelhos flexionados em 90 graus e os pés no chão, levante, alternadamente, cada pé do chão de 15 a 20 centímetros.
2. Intermediário: com os quadris e os joelhos flexionados a 90 graus, estenda cada perna alternadamente de modo que o pé fique de 7,5 a 15 centímetros fora do chão quando a perna estiver totalmente estendida.
3. Avançado: execute o mesmo exercício intermediário, mas, conforme a perna direita é estendida, também estenda o braço esquerdo acima da cabeça e vice-versa.

Progressão *bird dog*

1. Iniciante: em quatro apoios, eleve a perna direita e o braço esquerdo, até que estejam paralelos ao chão.
2. Intermediário: faça o mesmo exercício para iniciante, porém com o corpo apoiado em uma bola suíça.
3. Avançado: tente levantar o braço direito e a perna direita ao mesmo tempo, e alterne o lado direito e o esquerdo em cada repetição.

Progressão canivete

1. Iniciante: com as mãos no chão, afastadas na largura dos ombros, e os pés em uma bola suíça, leve os joelhos até o peito.
2. Intermediário: faça o mesmo exercício para iniciante, mas leve, alternadamente, os joelhos em direção aos ombros.
3. Avançado: mantendo o pé esquerdo no chão, levante o pé direito e mova o joelho direito até o ombro esquerdo. Traga o joelho esquerdo até o ombro direito na próxima repetição.

Progressão pêndulo reverso

1. Iniciante: deitado, em decúbito dorsal, no chão, com os joelhos flexionados em 90 graus e os pés no solo, deixe os joelhos cairem lentamente em direção ao chão no lado direito do corpo e volte. Alterne o movimento entre os lados direito e esquerdo.
2. Intermediário: com os joelhos e os quadris flexionados em 90 graus, baixe alternadamente as pernas para a direita e para a esquerda (em direção ao chão), com sucessivas repetições.
3. Avançado: com o quadril flexionado em 90 graus e as pernas retas, baixe alternadamente as pernas para a direita e para a esquerda (em direção ao chão), em sucessivas repetições.

EXEMPLOS DE PROGRAMAS PARA NADADORES

Um programa eficaz envolve trabalhar os músculos do *core* três ou quatro vezes por semana, escolhendo quatro ou cinco exercícios para fazer em cada sessão. Escolha a intensidade que corresponda mais adequadamente ao seu nível de habilidade.

Comece fazendo uma série de 15 repetições (ou mantenha uma posição por 15 a 20 segundos, quando apropriado). Progrida para uma série de 25 (ou 30 segundos) antes de adicionar uma segunda série. Finalmente, um excelente objetivo pode ser realizar três séries de 25 repetições para cada exercício. Exemplos de programas de treinamento do *core* para nadadores são mostrados nas Tabelas 12.1, 12.2 e 12.3.

Tabela 12.1 Exemplos de treino do *core* para nadadores – Programa 1

Exercício	Séries e repetições ou tempo
Prancha ventral	15 s
Ponte lateral	15 s por lado
Bird dog	1 × 15
Russian twist	1 × 15
Remada suspensa	1 × 15
Prancha ventral	20 s

Continua

Continuação

Exercício	Séries e repetições ou tempo
Ponte lateral	20 s por lado
Bird dog	1 × 25
Russian twist	1 × 25
Prancha ventral	30 s
Ponte lateral	30 s por lado
Bird dog	2 × 25
Russian twist	2 × 25
Prancha ventral	30 s
Ponte lateral	30 s por lado
Bird dog	3 × 25
Russian twist	3 × 25

Tabela 12.2   Exemplos de treino do *core* para nadadores – Programa 2

Exercício	Séries e repetições ou tempo
Ponte sobre os ombros na bola suíça	15 s
Abdominal canivete	1 × 15
Batida de pernas	1 × 15 cada lado
De prancha a *pike-up* na bola suíça	1 × 15
Elevação lateral de pernas	1 × 15
Ponte sobre os ombros na bola suíça	20 s
Abdominal canivete	1 × 20
Batida de pernas	1 × 25 cada lado
De prancha a *pike-up* na bola suíça	1 × 25
Elevação lateral de pernas	1 × 25
Ponte sobre os ombros na bola suíça	30 s
Abdominal canivete	2 × 25
Batida de pernas	2 × 60 s
De prancha a *pike-up* na bola suíça	2 × 25
Elevação lateral de pernas	2 × 25
Ponte sobre os ombros na bola suíça	30 s
Abdominal canivete	3 × 25
Batida de pernas	3 × 25 cada lado
De prancha a *pike-up* na bola suíça	3 × 25
Elevação lateral de pernas	3 × 25

Tabela 12.3 Exemplos de treino do *core* para nadadores – Programa 3

Exercício	Séries e repetições ou tempo
Dead bug	1 × 15
Abdominal canivete	1 × 15
Nadador	30 s
Abdominal na bola suíça	1 × 15
Pêndulo reverso	1 × 15
Dead bug	1 × 25
Abdominal canivete	1 × 25
Nadador	40 s
Abdominal na bola suíça	1 × 25
Pêndulo reverso	1 × 25
Dead bug	2 × 25
Abdominal canivete	2 × 25
Nadador	50 s
Abdominal na bola suíça	2 × 25
Pêndulo reverso	2 × 25
Dead bug	3 × 25
Abdominal canivete	3 × 25
Nadador	60 s
Abdominal na bola suíça	3 × 25
Pêndulo reverso	3 × 25

EXERCÍCIOS DO *CORE* EXCLUSIVOS PARA NATAÇÃO

São particularmente benéficos exercícios realizados na água que melhoram as habilidades de natação e trabalham o *core*. Um exercício do *core* especificamente útil para nadadores é uma progressão com pranchinha conforme descrito abaixo.

1. Iniciante: coloque um ou dois flutuadores sob o peito e equilibre-se sobre eles em uma posição aerodinâmica.

2. Intermediário: coloque mais flutuadores sob o peito para aumentar o desafio.
3. Avançado: na posição aerodinâmica, mova, alternadamente, os braços e as pernas em arcos extensos.

Observe que esse exercício também pode ser realizado mantendo as costas em uma posição aerodinâmica, com os flutuadores colocados sob a parte superior e o meio das costas.

CAPÍTULO 13

Tênis

Mark Kovacs

Otênis é um esporte fisicamente exigente e complexo, que exige um alto nível de força, potência, velocidade, agilidade, coordenação, equilíbrio, resistência e flexibilidade. Os tenistas de maior sucesso são os melhores entre os atletas. Ter músculos do *core* fortes, potentes e eficientes é fundamental para ter sucesso no esporte. O tênis é um esporte de solo que exige a transferência eficiente de energia do chão para o tronco e, finalmente, para os braços, a raquete e a bola de tênis. O condicionamento dos músculos do *core* ajuda a melhorar a transferência de energia, o que resulta em maior velocidade de movimento, agilidade e produção de energia para os golpes (saque, *forehand*, *backhand* e voleio) ao mesmo tempo que reduz as deficiências da cadeia cinética e a probabilidade de lesões.

No tênis profissional, os pontos são curtos (em média, menos de 10 segundos por ponto), com uma média de quatro mudanças de direção por ponto (Roetert e Ellenbecker, 2007; Kovacs, Chandler e Chandler, 2007); contudo, qualquer ponto pode variar de um único movimento a mais de 15 mudanças de direção durante uma disputa longa. Não é raro que uma partida tenha mais de 500 mudanças de direção. Essas distâncias curtas e uma vasta série de mudanças de direção, além da necessidade de geração de energia em todos os planos de movimento, exigem que o programa de treinamento se concentre em força muscular do *core*, flexibilidade e potência. Como o tênis é um esporte que exige muitos movimentos de rotação (por exemplo, *forehand*, *backhand* e saque), o trabalho muscular do *core* com foco na rotação deve ser um dos principais componentes de um programa de treinamento de tênis.

Uma vez que o jogador de tênis está sempre em pé, é importante realizar movimentos musculares do *core* no solo (com os pés no chão, e não a parte inferior das costas ou o abdome). Isso vai ajudar a desenvolver os múscu-los do *core* enquanto se concentra especificamente nos movimentos e na soma de forças que são representativos do que ocorre durante as partidas. Frequentemente, os atletas concentram-se no desenvolvimento de força, de potência e de resistência na musculatura do *core*, sem foco suficiente na flexibilidade funcional necessária nessa região para realmente transferir o trabalho realizado no ginásio para o desempenho na quadra.

O típico tenista profissional tem um perfil de flexibilidade que inclui fle-xores do quadril, eretores da espinha (eretores da espinha e multífido), rota-dores externos do quadril e músculos isquiotibiais relativamente fortes. Esses quatro grupos musculares devem ser o foco de um programa de flexibilidade muscular do *core*, porque eles proporcionam benefícios imediatos na me-lhora do desempenho em quadra, bem como diminuição da probabilidade de lesão. Jogadores de tênis das categorias infantil, jovem e adulto sofrem a maioria das lesões na região lombar, por isso, o desenvolvimento adequado da musculatura do *core* pode evitar muitas dessas lesões.

Todos os golpes no tênis têm uma forte participação do *core*, e, embora exista uma percepção equivocada de que os tenistas precisam fazer movi-mentos somente nos planos transversal e sagital, a flexão lateral do tronco (especialmente no saque) é imprescindível para a produção de energia ex-plosiva. Os exercícios típicos para os músculos do *core* prescritos aos joga-dores envolvem, predominantemente, ação explosiva do tronco que enfoca os planos transversal e sagital (por exemplo, arremesso de *medicine ball* com rotação, cortes e levantamentos). A inclusão de exercícios para a musculatura do *core* que incluem foco nos planos transversal, frontal e sagital é uma parte importante de um programa abrangente de condicionamento muscular do *core* para o tênis.

Um desequilíbrio de força entre os músculos da região abdominal e da parte inferior das costas tem sido observado em tenistas profissionais (Roetert et al., 1996). Portanto, é importante monitorar os jogadores de tênis para garantir que esse desequilíbrio não seja excessivo, além de ser apropriado elaborar programas para corrigí-lo.

PRINCÍPIOS DOS EXERCÍCIOS DO *CORE* PARA O TÊNIS

Aqui estão alguns conceitos simples para recordar durante o treinamento dos músculos do *core* em tenistas:

▶ A maioria dos exercícios para os músculos do *core* deve ser feita no solo.

▶ A maior parte dos exercícios para os músculos do *core* deve focar movimentos de rotação.

▶ Uma grande parcela de exercícios musculares do *core* para o tênis deve se concentrar em movimentos dinâmicos (por exemplo, rotações com corda ou com *medicine ball*), mas algumas posições estáticas (por exemplo, ponte) devem ser incorporadas para desenvolver os menores músculos estabilizadores do *core*.

▶ A resistência muscular dos músculos do *core* é um componente importante para o tênis, porque as partidas podem durar mais de três horas e os músculos do *core* são usados em cada movimento e golpe.

▶ Como os tenistas normalmente têm um desequilíbrio de força entre os músculos anteriores e posteriores do *core*, é importante examinar os atletas e corrigir quaisquer desequilíbrios extremos entre os músculos abdominais e os lombares.

▶ O desenvolvimento muscular do *core* para o tênis também precisa incorporar programas estruturados de flexibilidade para atingir as necessidades individuais de flexibilidade de cada atleta, limitar a probabilidade de lesões e melhorar a flexibilidade funcional.

Exercícios para o *core*

Rotação de tronco com corda
Prancha ventral

Ponte lateral
Agachamento búlgaro
Corte na diagonal com anilha
Arremesso de *medicine ball* na parede com rotação
Ponte sobre os ombros na bola suíça com flexão de perna

EXEMPLOS DE PROGRAMAS DE DESENVOLVIMENTO DO *CORE* PARA O TÊNIS

As Tabelas 13.1, 13.2 e 13.3 apresentam exemplos de programas de desenvolvimento do *core* para jogadores de tênis iniciantes, intermediários e avançados.

Tabela 13.1   Programa de desenvolvimento do *core* para o tênis – nível iniciante

Exercício	Séries e repetições ou tempo
Hiperextensão/Extensão de costas	2 × 15
Prancha ventral	2 × segurar por 2-30 s
Ponte lateral	2 × 20 s
Bird dog	2 × 10 de cada lado

Tabela 13.2   Programa de desenvolvimento do *core* para o tênis – nível intermediário

Exercício	Séries e repetições ou tempo
Russian twist	2 × 10 de cada lado
Rotação de tronco com corda	2 × 10 de cada lado
Ponte sobre os ombros na bola suíça, com variação de flexão de pernas	2 × 10 cada perna com suporte
Arremesso de *medicine ball* na parede com rotação	2 × 10 de cada lado
Walkout para a frente com faixa de resistência com suporte	2 × 1-60 s
Flexão lateral com halteres	2 × 15

Tabela 13.3   Programa de desenvolvimento do *core* para o tênis – nível avançado

Exercício	Séries e repetições ou tempo
Rolagem da barra	2 × 10
Agachamento búlgaro	2 × 10
Pêndulo reverso	2 × 10
Arremesso de *medicine ball* no chão	2 × 6
Rotação de tronco com corda	2 × 10
Levantamento na máquina de glúteos	3 × 20
Elevação lateral de pernas	2 × 10

EXERCÍCIOS DO *CORE* EXCLUSIVOS PARA TÊNIS

Observe que cada sessão em que se trabalha os músculos do *core* deve terminar com foco no alongamento para os flexores do quadril, os eretores da espinha (eretores da espinha e multífido), os rotadores do quadril externos e os isquiotibiais. Além disso, muitos exercícios musculares gerais do *core* podem ser adaptados para o condicionamento específico do tênis; por exemplo, um agachamento de arranco com uma bola suíça e posição estática na parte inferior do movimento pode ser realizado com perturbação adicional. Mais especificamente, uma bola suíça pode ser levantada acima da cabeça em um agachamento de arranco padrão; a posição inferior do movimento de agachamento é mantida por 20 segundos, enquanto um parceiro (ou treinador) golpeia suavemente a bola suíça em várias direções, para desafiar ainda mais a estabilidade do *core*. Outro exercício adaptado para o tênis é o saque reverso com corda. Nesse exercício, o atleta segura uma corda ou tubo elástico em uma posição baixa perto de um pé com a mão oposta e puxa o cabo com energia, seguindo o caminho inverso de um saque de tênis.

CAPÍTULO 14

Atletismo

Jeffrey Kipp

As competições de atletismo exigem muito da musculatura do *core*. Um atleta com os músculos do *core* fracos terá diminuição da eficiência, da potência e do desempenho. A musculatura do *core* conecta os membros superiores e inferiores e atua como um elo entre eles durante o movimento. Independentemente da competição, músculos do *core* bem condicionados criam resistência à fadiga e eficiência do movimento, permitindo que um atleta mantenha a postura correta e a técnica. Além disso, maior força muscular do *core* pode ajudar os atletas a efetivamente controlar ou resistir às forças externas aplicadas (por exemplo, salto com vara e inércia nas corridas), bem como aplicar força em implementos (por exemplo, dardo e disco). O aumento da força e da potência muscular do *core* também contribui para mais equilíbrio e mais estabilidade de todo o corpo. A cada passo ou salto, a manutenção do equilíbrio e da estabilidade geral do corpo pode ser atribuída à rapidez com que a musculatura do *core* resiste à força da gravidade.

Quando a musculatura do *core* está fraca ou destreinada, as forças não são efetivamente transferidas pela cadeia cinética, resultando em movimentos ineficientes e em desperdício de energia elástica do músculo (ou seja, perda de energia) durante corrida, salto, salto com vara ou arremesso. Pode ocorrer perda de energia quando um velocista larga, prosseguindo pela fase de aceleração a cada passo; ou com um atleta de salto em distância ou em altura durante a aproximação e a preparação para o salto. Perda de energia também pode ser prejudicial para o desempenho no lançamento de peso, de martelo, de dardo e de disco, porque menos força de reação do solo é transferida para o implemento. Para o salto com vara, a perda de energia pode ocorrer durante a aproximação e a decolagem, bem como durante o *swing-up*, a extensão e a volta, diminuindo a força transferida pela vara para impulsionar o atleta sobre a barra.

É possível fazer uma analogia com um *pogo stick* (pula-pula) para ilustrar a perda de energia. O eixo de um *pogo stick* é reto e feito de um material que proporciona o efeito desejado de salto. O eixo é forte o suficiente para permitir que mesmo um homem adulto salte como uma criança. Há uma razão para que ele seja reto e rígido. Quando uma força é aplicada no *pogo stick* para baixo do eixo, ela é imediatamente devolvida para cima do eixo, o que resulta no efeito pretendido de salto (ou seja, a decolagem do solo). Se o eixo do *pogo stick* amassa ou empena, a energia é perdida naquele ponto, o que resulta em redução de resposta ou, até mesmo, quebra. Além disso, se o *pogo stick* fosse feito de um material menos rígido, mais energia seria perdida, com uma consequente diminuição do efeito do salto.

O desempenho de Michael Tinsley na corrida de obstáculos resume o equilíbrio total, a estabilidade e o fluxo eficiente de energia que são resultado de um *core* firme.
© POOL/KMSP/DPPI/Icon SMI

Uma segunda analogia usada para ilustrar a necessidade de força nos músculos do *core* pode ser feita com uma lata de refrigerante. Supondo que os lados da lata não tenham nenhuma deformidade ou amassado, uma pessoa pode aplicar força na parte superior dela sem esmagá-la. No entanto, se um ou ambos os lados da lata estão amassados, ela será esmagada. Os lados do cilindro funcionam como uma unidade para resistir às forças aplicadas de cima para baixo. Assim, pequenas deficiências na integridade da musculatura do *core* podem causar uma diminuição da reatividade às forças externas que são aplicadas no corpo. Condicionar o cilindro atlético (isto é, a musculatura do *core*) também fornece a ativação necessária para aplicar, de modo eficaz, forças que são transferidas distalmente para os membros superiores e inferiores.

Os exercícios utilizados para desenvolver a musculatura do *core* para o atletismo começam no início do período fora de temporada, com movimentos básicos de baixa intensidade e maior volume ou posturas isométricas. Ao longo do período fora da temporada e no início da pré-temporada, os exercícios devem tornar-se mais dinâmicos e cada vez mais instáveis, com maior especificidade para cada competição. Cargas para os exercícios com peso começam cedo durante o período fora de temporada, com cargas baixas e altos volumes. Com o aumento de força, as cargas tornam-se maiores conforme o volume geral diminui. Quando fizer exercícios com o próprio peso corporal, o volume vai aumentar ao longo do programa. Os intervalos de recuperação aumentam para os atletas de arremesso; cargas mais elevadas são utilizadas, e uma recuperação completa é necessária para uma potência maior em cada repetição. Competições de salto com vara e corridas de curta distância devem usar intervalos de repouso mais curtos, volumes maiores e programas de desenvolvimento do *core* estilo circuito ou supersérie, para aumentar a resistência à fadiga. Corredores de longa distância devem utilizar, sobretudo, posturas isométricas e curtos intervalos de repouso, para aumentar a resistência muscular e a eficiência.

O exemplo de programa a seguir (Tabela 14.1) mostra o conceito básico no planejamento de um programa para atletas de atletismo. Um treinamento adicional dos músculos do *core* ocorre ao longo do treino quando movimentos olímpicos e exercícios de treinamento de força em terra são utilizados.

Tabela 14.1   Exemplo de programa de desenvolvimento do *core*

DIA 1		
Ordem	**Exercício**	**Séries e repetições**
1	Agachamento de arranco	3 × 3
2	Inclinação lateral com halteres	2 × 8
3	Prancha ventral, ponte lateral, ponte sobre os ombros na bola suíça	3 × segurar por 30-90 s
4	De prancha a pino na bola suíça	2 × 8
5	Flexão lateral com cabo	2 × 8 cada
6	Pêndulo reverso	3 × 8
DIA 2		
Ordem	**Exercício**	**Séries e repetições**
1	Levantamento terra com barra	4 × 4
2	Rolagem da barra	2 × 10
3	Corte na diagonal com anilha	2 × 10
4	Elevação de perna suspensa	3 × 10
5	Estocada na plataforma deslizante	3 × 10
6	Escalada na plataforma deslizante com suporte	3 × 30-90 s
DIA 3		
Ordem	**Exercício**	**Séries e repetições**
1	Agachamento búlgaro	5 × 5
2	Levantamento na máquina de glúteos	3 × 12
3	Arremesso de *medicine ball* no chão	3 × 6
4	Arremesso de *medicine ball* na parede com rotação	3 × 6 de cada lado
5	Arremesso de *medicine ball* – movimento contrário com a mão por baixo	3 × 6
6	Abdominal em polia alta	3 × 12

EXERCÍCIOS DO *CORE* EXCLUSIVOS PARA O ATLETISMO

O exemplo deste capítulo representa um programa geral de desenvolvimento muscular do *core*, que pode ser aplicado a todos os atletas de atletismo. Os exercícios citados devem ser feitos de maneira complementar a outros de levantamento de peso olímpico (e variações), bem como movimentos no solo (por exemplo, agachamento, afundo, desenvolvimento) que também envolvem a musculatura do *core*. Para mais especificidade, com foco na competição, atletas de arremesso podem realizar mais lançamentos de *medicine ball*; velocistas e atletas de corrida com obstáculo podem realizar com maior frequência exercícios isolados para a articulação do quadril (ou seja, abdução, adução, flexão, extensão) em uma máquina de adutores de quadril; atletas de salto em altura, em distância e com vara podem executar com mais frequência movimentos de flexão e extensão do quadril com o próprio peso corporal (por exemplo, de prancha a *pike-up* na bola suíça para atletas de salto com vara; elevação lateral de pernas para atletas de salto em altura; e abdominal canivete para atletas de salto em distância).

CAPÍTULO 15

Vôlei

Allen Hedrick

O vôlei é um esporte de alta velocidade e explosão. Repetidos saltos, mudanças de direção rápidas, mergulhos e movimentos sobre a cabeça compõem o jogo (Black, 1995; Gadeken, 1999). Os atletas produzem altos níveis de força quando cortam ou saltam e absorvem muita força quando mergulham, aterrissam ou bloqueiam. Em termos de demandas de energia para o voleibol, o intervalo médio de jogo dura cerca de 6 segundos, intercalado com períodos de repouso de cerca de 14 segundos (Gadeken, 1999). Essa relação trabalho-repouso significa que os atletas utilizam principalmente o sistema de energia adenosina trifosfato fosfocreatina (ATP-PCr).

Considerando-se que existem 25 *rallies* por *set*, o condicionamento do sistema de energia para o vôlei deve consistir de 25 ou mais repetições de 5 a 10 segundos de duração. Esses exercícios devem incluir saltar, correr e mergulhar, além de frequentes mudanças de direção, com 10 a 15 segundos de repouso entre os exercícios (Black, 1995). Todavia, alguns exercícios de condicionamento devem durar de 20 a 45 segundos, para preparar os jogadores para os 10% de *rallies* que ultrapassam 15 segundos. Se o regime é específico para os sistemas de energia e movimentos envolvidos no vôlei, é possível sobrecarregar o sistema neuromuscular, de modo que o atleta desenvolva a capacidade de saltar mais alto, correr mais rápido e mudar de direção com mais rapidez.

ESPECIFICIDADE

Melhorar o desempenho físico no esporte requer a aplicação de especificidade e de sobrecarga. Especificidade significa que o programa de condicionamento simula características do jogo da forma mais fiel possível. Sobrecarga significa que o treinamento deve proporcionar um estímulo (peso, velocidade, altura do salto, duração) maior que o normal (Black, 1995).

A maneira mais eficaz de conseguir especificidade e sobrecarga é fazer exercícios parecidos com os movimentos do jogo. O treinamento para o vôlei deve desenvolver a capacidade de saltar e de correr distâncias curtas, de mergulhar, de girar o tronco de forma explosiva e de mudar de direção rapidamente, com redução mínima do desempenho em razão da fadiga (Black, 1995). Conforme os atletas deixam as férias e entram em pré-temporada e em temporada, a seleção de exercícios deve tornar-se cada vez mais específica para os movimentos que ocorrem durante a competição (Hedrick, 2002).

Em razão da semelhança biomecânica entre o salto vertical e os movimentos de levantamento de peso (por exemplo, arranco, arremesso e variações), é preciso focalizar esses movimentos em um programa específico para o vôlei. Também se coloca foco na escolha de exercícios de cadeia cinética fechada em pé com pesos livres, como agachamento e afundo. Esses tipos de exercícios devem ser selecionados por sua semelhança com o padrão de movimento que ocorre no jogo de vôlei. Todos esses exercícios requerem excelente resistência muscular do *core* para serem executados corretamente, o que justifica ainda mais sua inclusão em um programa de treinamento para o vôlei.

A habilidade de cortar a bola em alta velocidade também é importante para o atleta de vôlei. Essa habilidade pode ser melhorada por meio do aumento da força e da potência do tronco e da musculatura da cintura escapular, usando vários treinamentos resistidos e atividades pliométricas na parte superior do corpo. Exercícios de treinamento resistido, como supino, supino em pé, desenvolvimento e *pullover* podem ser usados para ajudar. Atividades pliométricas com *medicine ball* que abordem a força de rotação e a potência na musculatura do *core*, incorporando movimentos dos membros superiores, como os que ocorrem durante uma cortada, também podem melhorar a transferência do efeito do treinamento.

DESENVOLVIMENTO DO *CORE*

Muitas pessoas pensam que treinar a musculatura do *core* é a mesma coisa que trabalhar os músculos abdominais. Embora o treinamento abdominal seja um aspecto essencial do desenvolvimento da musculatura do *core*, a musculatura das costas também é importante (Hedrick, 2000). Movimentos atléticos, como rotação, pulo e corrida, podem forçar a musculatura posterior a manter a estabilidade da coluna. Entretanto, quando programas para a musculatura do *core* são criados, as considerações funcionais muitas vezes são ignoradas. Isso é lamentável, porque os exercícios de cadeia cinética fechada requerem mais equilíbrio e coordenação e são mais específicos para o esporte (e, portanto, mais funcionais) do que exercícios abdominais isolados típicos (por exemplo, abdominais em máquinas ou no solo). Por causa disso, é importante fazer alguns exercícios de tronco em posição ereta.

Assim como acontece com o treinamento de outras partes do corpo, os exercícios para a musculatura do *core* devem ser periodizados, evoluindo de movimentos de treinamento de força geral para exercícios que simulam os movimentos do tronco comuns no vôlei (*vide* a Tabela 15.1). Finalmente, deve ser fornecida sobrecarga adequada para provocar aumentos significativos de força e de potência. Fazer treinamento de alto volume e baixa intensidade não é eficaz para o aumento da força, especialmente em atletas previamente treinados em força. Portanto, sempre que possível, os exercícios recomendados na Tabela 15.1 deve ser feitos com resistência externa (por exemplo, halteres, *medicine ball*, anilha).

Tabela 15.1 Desenvolvendo a musculatura do *core* para o vôlei

CICLO DE INTRODUÇÃO 1: SEMANAS 1 a 3		
Exercícios	**Séries e repetições**	**Objetivo**
Abdominal na bola suíça	3 × 20	Flexão do *core*
Lenhador alto/baixo com corda	3 × 20	Rotação do *core*
Lenhador baixo/alto com corda	3 × 20	Rotação do *core*
Hiperextensão/Extensão de costas	3 × 20	Extensão do *core*
Flexão lateral com halteres	3 × 20	Flexão lateral do *core*
CICLO DE FORÇA 2: SEMANAS 4 a 10		
Exercícios	**Séries e repetições**	**Objetivo**
Abdominal bicicleta	3 × 15	Flexão do *core*
Rotação de tronco com corda	3 × 15	Rotação do *core*
Russian twist	3 × 15	Rotação do *core*

Continua

Continuação

Exercícios	Séries e repetições	Objetivo
Levantamento na máquina de glúteos	3 × 15	Extensão do *core*
Hiperextensão com rotação na bola suíça	3 × 15	Extensão/rotação do *core*
CICLO DE FORÇA 3: SEMANAS 11 a 13		
Exercícios	**Séries e repetições**	**Objetivo**
Elevação de joelhos/pernas em suspensão	3 × 10	Flexão do *core*
Abdominal com rotação em polia alta	3 × 10	Rotação do *core*
Corte diagonal com anilha	3 × 10	Rotação do *core*
Agachamento búlgaro	3 × 10	Extensão do *core*
Pêndulo reverso	3 × 10	Extensão do *core*
CICLO DE POTÊNCIA 1: SEMANAS 14 a 17		
Exercícios	**Séries e repetições**	**Objetivo**
Rotação de tronco com barra	3 × 5	Rotação do *core*
Pullover com *medicine ball*	3 × 5	Flexão do *core*
Arremesso de *medicine ball* no chão com rotação	3 × 5	Rotação do *core*
Arremesso de *medicine ball* de costas	3 × 5	Extensão do *core*
Levantamento terra com barra	3 × 5	Extensão do *core*
CICLO DE POTÊNCIA 2: SEMANAS 18 a 22		
Exercícios	**Séries e repetições**	**Objetivo**
Arremesso de *medicine ball* na parede com rotação	3 × 6	Rotação do *core*
Arremesso de *medicine ball* acima da cabeça	3 × 6	Flexão do *core*
Passe de peito sentado com *medicine ball*	3 × 6	Cocontrações isométricas do *core*
Arremesso de *medicine ball* – movimento contrário com a mão por baixo	3 × 6	Extensão do *core*
Arremesso de *medicine ball* no chão com rotação	3 × 6	Rotação do *core*

EXERCÍCIOS DO *CORE* EXCLUSIVOS PARA O VÔLEI

Atletas de vôlei ganham muita força muscular no *core* específica para o esporte com levantamentos terra tradicionais, especialmente os movimentos de levantamento de peso olímpico e suas variações. Apoiar o peso sobre a cabeça ao iniciar a extensão tripla por meio dos quadris, dos joelhos e dos tornozelos é especialmente importante para atletas de vôlei; por exemplo, arranco, agachamento búlgaro e *split jerk* são particularmente úteis nesse caso. A flexão lateral da coluna também deve ser treinada com os braços acima da cabeça (não ao lado dela); e a flexão lateral com cabo pode ser modificada, com uma única alça sobre a cabeça. O levantamento terra sumô com os pés afastados também pode ser específico para a posição de defesa no vôlei e pode ser modificado com uma *medicine ball* em um lançamento explosivo para cima, simulando um saque.

CAPÍTULO 16

Luta

Eric Childs

A luta é praticada há cerca de 5.000 anos, o que faz desse esporte um dos mais antigos do mundo. Atualmente, existem três estilos básicos de luta: livre, greco-romana e *collegiate*. A luta livre e a greco-romana, também chamadas estilos internacionais, são praticadas no mundo todo e têm seu ponto alto nos Jogos Olímpicos. A luta *collegiate* é exclusiva dos Estados Unidos. Os atletas que competem no estilo *collegiate* podem começar aos 5 anos de idade, e suas carreiras de lutadores terminam nos campeonatos estudantis estaduais ou nacionais.

A luta é um esporte predominantemente anaeróbio que requer movimento repetido contra a força de um oponente. Seja luta livre, greco-romana ou *collegiate*, o objetivo final do esporte é encostar os ombros do adversário no tatame ou acumular mais pontos do que ele, mantendo o controle durante toda a luta. Os tipos de movimento utilizados por um lutador durante um combate são intensos e variados. Portanto, a musculatura do *core* deve ser condicionada para produzir e absorver, de modo eficaz, as forças de várias maneiras.

Embora as regras do estilo internacional tenham sofrido grandes mudanças e continuem mudando, a posição inicial durante uma disputa em todos os três estilos ocorre, geralmente, em uma das três posições descritas a seguir. A primeira é a posição neutra, na qual ambos os lutadores estão em pé e de frente um para o outro. A segunda é a posição defensiva ou inferior, na qual o lutador está apoiando as mãos e os joelhos sobre o tatame. Na posição superior, ou ofensiva, um lutador pode estar em pé, com suas mãos colocadas no centro das costas do adversário, ou apoiado em um só joelho, com uma mão no cotovelo do adversário e a outra na cintura (apenas luta *collegiate*).

Independentemente da posição inicial, a manutenção de um *core* estável é essencial tanto para defender como para atacar.

Embora as possíveis posições iniciais e muitos dos movimentos básicos dos estilos livre, greco-romano e *collegiate* sejam semelhantes, existem algumas diferenças importantes. Na luta greco-romana, não é permitido agarrar abaixo da cintura quando os dois lutadores estão em posição neutra. A partir da posição defensiva no tatame, o objetivo tanto da luta greco-romana quanto da luta livre é não deixar as costas tocarem o chão. Na luta *collegiate*, o lutador defensivo receberá pontos por escapar, ficar neutro ou reverter a situação e controlar o adversário. O lutador ofensivo, na luta *collegiate*, pode ganhar um ponto por acumular um minuto ou mais segurando seu adversário no solo, ao passo que, nos estilos livre e greco-romano, os lutadores voltam a ficar em pé depois de um curto período de tempo, quando um dos lutadores não é capaz de derrubar seu oponente.

Os ataques e contra-ataques de todos os três estilos de luta ocorrem por 6 a 10 minutos ou mais e resultam em altíssima dependência de glicólise anaeróbia, levando à acidose metabólica e à fadiga. Assim, desenvolver resistência à fadiga na musculatura do *core* é uma prioridade para o bom desempenho na luta. Com isso em mente, é fundamental que um programa de força e condicionamento físico para luta tenha foco em potência, força e resistência da musculatura do *core*, além de estabilidade postural, por meio de uma variedade de métodos para aumentar as chances de sucesso, reduzindo o risco de lesões.

Lesões relacionadas com o *core* (tronco, quadril, coxa) são responsáveis por, aproximadamente, 16,5% de todas as lesões em luta no ensino médio e mais de 20% de todas as lesões na faculdade (Yard et al., 2008). Os músculos do *core* (incluindo, por exemplo, glúteos, abdominais e multífido) são componentes importantes da cadeia cinética, transferindo força da parte inferior para a parte superior do corpo. Movimentos associados à luta dependem dessa cadeia cinética, porque eles são executados com força e potência de movimento máxima ou submáxima. As lesões podem ser prevenidas com a força muscular adequada do *core* por causa do aumento da estabilização e do apoio das áreas da coluna vertebral e do quadril (Kraemer, Vescovi e Dixon, 2004).

DESENVOLVIMENTO DO *CORE* AO LONGO DA TEMPORADA

O desenvolvimento do *core* pode e deve ser implementado em cada treino por meio da inclusão de uma variedade de exercícios. Exercícios como afundo e rotações, rolamentos, flexões lombares, braços ou pernas opostas e *inchworms* podem ser feitos em um conjunto de quatro a seis repetições cada e incluídos como parte de um aquecimento dinâmico, sem consumir grande quantidade de tempo.

Pré-temporada

A pré-temporada é um bom momento para ensinar uma variedade de rotinas de exercício muscular do *core* que incorporam exercícios abdominais com *medicine ball* e rotações (*vide* o Quadro 16.1). Durante as primeiras duas a quatro semanas do treinamento de pré-temporada, os exercícios devem ser incorporados após o aquecimento, quando os lutadores estão descansados e podem concentrar-se em dominar a técnica. Depois, uma rotina diferente pode ser incluída nos treinos em um ou dois dias por semana, em pontos diferentes do treinamento (por exemplo, antes ou depois da luta, ou antes ou depois do condicionamento).

Quadro 16.1 Pré-temporada: lombar, abdominais e programa de rotação

Estas rotinas de exercício do *core* específico devem ser realizadas em dias alternados no início do treino, depois do aquecimento. Comece com uma série de 6 a 8 repetições e aumente para 20 a 25 repetições para cada exercício listado.
ROTINA 1
Abdominal na bola suíça
Abdominal com rotação na bola suíça
Abdominal lateral na bola suíça
Extensão
ROTINA 2
Abdominal em polia alta
Rotação de tronco com barra
Dead bug
Ponte sobre os ombros na bola suíça com flexão de pernas

Continua

Continuação

ROTINA 3
Abdominal completo
Elevação lateral de pernas
Bird dog
Arremesso de *medicine ball* na parede com rotação
ROTINA 4
Pullover com *medicine ball*
Samurai três pontos
Arremesso de *medicine ball* no chão com rotação
Remada suspensa

Após as primeiras quatro a seis semanas de rotinas de exercício para o *core*, os lutadores devem desenvolver uma base de resistência muscular localizada e, então, avançar para exercícios de maior intensidade, para aumentar a força. Devem ser incluídos exercícios que abordem a produção e a absorção de força nos planos frontal, sagital e transversal.

EXERCÍCIOS DO *CORE* EXCLUSIVOS PARA A LUTA

Conforme os lutadores passam da pré-temporada para a temporada regular, o sucesso depende da força, da velocidade, da técnica e da capacidade para lidar com os altos níveis de acidose metabólica. Incorporar uma variedade de levantamentos de parceiro de treino de um a três dias por semana pode aumentar a potência específica do *core* para a luta, bem como melhorar a técnica. Levantamentos de parceiro de treino consistem em levantar um parceiro de tamanho corporal similar; técnicas (movimentos) específicas de luta livre são incorporadas para um número predeterminado de repetições. Esses exercícios de levantamento ajudam os lutadores a aperfeiçoar sua técnica e, dependendo da intensidade (parceiro mais leve ou mais pesado), número de repetições, séries realizadas e períodos de repouso entre as séries, eles também ajudam especificamente a desenvolver a força, a potência e a resistência muscular do *core* para a luta.

Conforme a pós-temporada se aproxima e a habilidade de atingir o pico no momento certo se torna crucial para alcançar o sucesso em campeonatos estaduais e nacionais, desenvolver a musculatura do *core* para uma luta torna--se muito específico em intensidade, duração e carga. Completar um circuito específico de luta um ou dois dias por semana, nas últimas três a cinco semanas da temporada e na pós-temporada, pode ajudar a manter as demandas metabólicas e de força, de potência e de resistência muscular dos atletas. A seguir, um exemplo de circuito (Tabela 16.1).

Tabela 16.1 Fim de temporada e pós-temporada: exemplo de circuito específico para lutas

Os lutadores revezam-se nos papéis de levantador e parceiro. O levantador passa pelo circuito completo três vezes. Em seguida, os lutadores trocam de papéis, e o novo levantador completa o circuito três vezes.	
Movimentos	**Duração ou número de repetições**
Passo de aprofundamento com *medicine ball*; passa para o parceiro, parceiro passa de volta; bloqueio, encaixe (arremesso), expansão, agarre	Por toda a extensão da sala
Golpeia, esquiva, levanta, executa *turk* com o parceiro, arremessa a *medicine ball* (extensão tripla e arremesso para trás)	2 vezes
Aplique *double-leg* no parceiro, dirija o pé para dois agachamentos do parceiro, largue o parceiro, complete dois saltos	2 vezes
Derruba o parceiro e controla os punhos	4 vezes
Faça caminhada do urso com parceiro (fique de frente para o levantador com as mãos nos ombros proporcionando resistência)	Por toda a extensão da sala
Única perna, perna estendida, cabeça no bíceps, puxe, fique em pé, termine de derrubar; continue com 3 flexões (troque a pegada e baixe a última em 20 segundos)	2 vezes
Parceiro pela parte superior das costas, retorna à base, levanta ou empurra para trás, corta, expande, 3 flexões	2 vezes
Tornozeleiras (para a frente, para trás, lateral, carioca, movimento de luta)	Por toda a extensão da sala
Resistência manual: posterior do ombro, rotações interna/externa, *4-way neck*, *4-way abs*	10 repetições cada

CONCLUSÃO

A luta é um esporte único por causa de sua natureza combativa e exige que um atleta tenha resistência, velocidade e força combinada com explosão (Kraemer et al., 2004). Esse tipo de força e de potência requer um programa de força e de condicionamento físico individualizado e abrangente, que incida sobre todos os aspectos do desenvolvimento da musculatura do *core* de um lutador.

Referências

Capítulo 1

Amonoo-Kuofi, H.S. 1983. The density of muscle spindles in the medial, intermediate and lateral columns of human intrinsic postvertebral muscles. *J Anat* 136: 509-519.

Arokoski, J.P., Valta, T., Airaksinen, O., and Kankaanpaa, M. 2001. Back and abdominal muscle function during stabilization exercises. *Arch Phys Med Rehab* 82: 1089-1098.

Behm, D., Drinkwater, E., Willardson, J.M., and Cowley, P.M. 2010a. A literature review: The use of instability to train the core musculature. *Appl Physiol Nutr Metab* 35: 91-108.

Behm, D., Drinkwater, E., Willardson, J.M., and Cowley, P.M. 2010b. Canadian Society for Exercise Physiology position stand: The use of instability to train the core in athletic and non-athletic conditioning. *App Physiol Nutr Metab* 35: 109-112.

Boyle, J.J., Singer, K.P., and Milne, N. 1996. Morphological survey of the cervicothoracic junctional region. Spine 21: 544-548.

Boyle, M. 2004. Lower body strength and balance progressions. In *Functional Training for Sports*, 53-73. Champaign, IL: Human Kinetics.

Cholewicki, J., Juluru, K., and McGill, S.M. 1999. Intra-abdominal pressure mechanism for stabilizing the lumbar spine. *J Biomech* 32: 13-17.

Cholewicki, J., Juluru, K., Radebold, A., Panjabi, M.M., and McGill, S.M. 1999. Lumbar spine stability can be augmented with an abdominal and/or increased intra-abdominal pressure. *Eur Spine J* 8: 388-395.

Cholewicki, J., McGill, S.M., and Norman, R.W. 1991. Lumbar spine loads during the lifting of extremely heavy weights. *Med Sci Sports Exerc* 23: 1179-1186.

Cholewicki, J., and Van Vliet 4th, J.J.T. 2002. Relative contribution of trunk muscles to the stability of the lumbar spine during isometric exertions. *Clin Biomech* 17: 99-105.

Cresswell, A.G., and Thorstensson, A. 1994. Changes in intra-abdominal pressure, trunk muscle activation, and force during isokinetic lifting and lowering. *Eur J Appl Physiol* 68: 315-321.

Floyd, R.T. 2009. *Manual of Structural Kinesiology*. 17th ed. New York: McGraw-Hill.

Grenier, S.G., and McGill, S.M. 2007. Quantification of lumbar stability by using 2 different abdominal activation strategies. *Arch Phys Med Rehabil* 88: 54-62.

Hodges, P.W., and Richardson, C.A. 1997. Feed-forward contraction of transversus abdominis is not influenced by the direction of arm movement. *Exp Brain Res* 114: 362-370.

Holm, S., Indahl, A., and Solomonow, M. 2002. Sensorimotor control of the spine. *J Electromyogr Kinesiol* 12: 219-234.

Kibler, B.W., Press, J., and Sciascia, A. 2006. The role of core stability in athletic function. *Sports Med* 36: 189-198.

Masharawi, Y., Rothschild, B., Dar, G., Peleg, S., Robinson, D., Been, E., and Hershkovitz, I. 2004. Facet orientation in the thoracolumbar spine: Three-dimensional anatomic and biomechanical analysis. *Spine* 29: 1755-1763.

McGill, S.M. 2001. Low back stability: From formal description to issues for performance and rehabilitation. *Exerc Sport Sci Rev* 29: 26-31.

McGill, S. 2006. *Ultimate Back Fitness and Performance*. 3rd ed. Waterloo, ON: Backfitpro.

McGill, S. 2007. *Low Back Disorders: Evidence Based Prevention and Rehabilitation*. 2nd ed. Champaign, IL: Human Kinetics.

McGill, S.M., Grenier, S., Kavcic, N., and Cholewicki, J. 2003. Coordination of muscle activity to assure stability of the lumbar spine. *J Electromyogr Kinesiol* 13: 353-359.

Nitz, A.J., and Peck, D. 1986. Comparison of muscle spindle concentrations in large and small human epaxial muscles acting in parallel combinations. *Am Surg* 52: 274.

Nouillot, P., Bouisset, S., and Do, M.C. 1992. Do fast voluntary movements necessitate anticipatory postural adjustments even if equilibrium is unstable? *Neurosci Lett* 147: 1-4.

Oxland, T.R., Lin, R.M., and Panjabi, M.M. 1992. Three-dimensional mechanical properties of the thoracolumbar junction. *J Orthop Res* 10: 573-580.

Panjabi, M.M. 1992a. The stabilizing system of the spine. Part I. Function, dysfunction, adaptation, and enhancement. *J Spinal Disord* 5: 383-389.

Panjabi, M.M. 1992b. The stabilizing system of the spine. Part II. Neutral zone and instability hypothesis. *J Spinal Disord* 5: 390-397.

Richardson, C.A., and Jull, G.A. 1995. Muscle control-pain control. What exercises would you prescribe? *Man Ther* 1: 2-10.

Santana, J.C. 2001. Hamstrings of steel: Preventing the pull. Part II-training the triple threat. *Strength Cond J* 23: 18-20.

Santana, J.C., Vera-Garcia, F.J., and McGill, S.M. 2007. A kinetic and electromyographic comparison of the standing cable press and bench press. *J Strength Cond Res* 21: 1271-1277.

Willson, J.D., Dougherty, C.P., Ireland, M.L., and Davis, I.M. 2005. Core stability and its relationship to lower extremity function and injury. *J Am Acad Orthop Surg* 13: 316-325.

Capítulo 2

Abt, J.P., Smoliga, J.M., Brick, M.J., Jolly, J.T., Lephart, S.M., and Fu, F.H. 2007. Relationship between cycling mechanics and core stability. *J Strength Cond Res* 21 (4): 1300-1304.

Akuthota, V., and Nadler, S.F. 2004. Core strengthening. *Arch Phys Med Rehabil* 85 (3 Suppl. 1): S86-92.

Andre, M.J., Fry, A.C., Heyrman, M.A., Hudy, A., Holt, B., Roberts, C., Vardiman, J.P., and Gallagher, P.M. 2012. A reliable method for assessing rotational power. *J Strength Cond Res* 26 (3): 720-724.

Bergmark, A. 1989. Stability of the lumbar spine: A study in mechanical engineering. *Acta Orthop Scand* 239: 1-54.

Bliss, L.S., and Teeple, P. 2005. Core stability: The centerpiece of any training program. *Curr Sp Med Rep* 4 (3): 179-183.

Claiborne, T.L., Armstrong, C.W., Gandhi, V., and Pincivero, D.M. 2006. Relationship between hip and knee strength and knee valgus during a single leg squat. *J Appl Biomech* 22 (1): 41-50.

Cook, G. 2003. *Athletic Body in Balance*. Champaign, IL: Human Kinetics.

Cosio-Lima, L.M., Reynolds, K.L., Winter, C., Paolone, V., and Jones, M.T. 2003. Effects of physioball and conventional floor exercises on early phase adaptations in back and abdominal core stability and balance in women. *J Strength Cond Res* 1 (4): 721-725.

Cowley, P.M., and Swensen, T.C. 2008. Development and reliability of two core stability field tests. *J Strength Cond Res* 22 (2): 619-624.

Gribble, P.A., and Hertzel, J. 2003. "Considerations for Normalizing Measures of the Star Excursion Balance Test" in *Measurement in Physical Education and Exercise Science*, 7 (2), 89-100. Hillsdale, NJ: Lawrence Erlbaum Associates, Inc.

Hibbs, A.E., Thompson, K.G., French, D., Wrigley, A., and Spears, I. 2008. Optimizing performance by improving core stability and core strength. *Sports Med* 38 (12): 995-1008.

Ireland, M.L., Willson, J.D., Ballantyne, B.T., and Davis, I.M. 2003. Hip strength in females with and without patellofemoral pain. *J Orthop Sports Phys Ther* 33 (11): 671-676.

Kibler, W.B., Press, J., and Sciascia, A. 2006. The role of core stability in athletic function. *Sports Med* 36 (3): 189-198.

Liemohn, W.P., Baumgartner, T.A., Fordham, S.R., and Srivatsan, A. 2010. Quantifying core stability: A technical report. *J Strength Cond Res* 24 (2): 575-579.

Liemohn, W.P., Baumgartner, T.A., and Gagnon, L.H. 2005. Measuring core stability. *J Strength Cond Res* 19 (3): 583-586.

Magnusson, S.N., Constantini, M., McHugh, M., and Gleim, G. 1995. Strength profiles and performance in masters' level swimmers. *Am J Sports Med* 23: 626-631.

McGill, S.M. 2007. *Low Back Disorders: Evidence-Based Prevention and Rehabilitation*. 2nd ed. Champaign, IL: Human Kinetics.

McGill, S.M., Childs, A., and Liebenson, C. 1999. Endurance times for low back stabilization exercises: Clinical targets for testing and training from a normal database. *Arch Phys Med Rehabil* 80: 941-944.

Moreland, J., Finch, P., Stratford P., Balsor B., and Gill, C. 1997. Interrater reliability of six tests of trunk muscle function and endurance. *J Orthop Sports Phys Ther* 26 (4): 200-8.

Nadler, S.F., Malanga, G.A., Bartoli, L.A., Deprince, M., Stitik, T.P., and Feinberg, J.H. 2000. The relationship between lower extremity injury, low back pain, and hip muscle strength in male and female collegiate athletes. *Clin J Sports Med* 10: 89-97.

Okada, T., Huxel, K.C., and Nesser, T.W. 2011. Relationship between core stability, functional movement, and performance. *J Strength Cond Res* 25 (1): 252-261.

Panjabi, M. 1992. The stabilizing system of the spine. Part I: Function, dysfunction, adaptation and enhancement. *J Spinal Disord* 5: 383-389.

Plisky, P.J., Rauh, M.J., Kaminski, T.W., and Underwood, F.B. 2006. Star Excursion Balance Test as a predictor of lower extremity injury in high school basketball players. *J Orthop Sports Phys Ther* 36 (12): 911-919.

Saeterbakken, A.H., van den Tillaar, R., and Seiler, S. 2011. Effect of core stability training on throwing velocity in female handball players. *J Strength Cond Res* 25 (3): 712-718.

Sato, K., and Mokha, M. 2009. Does core strength training influence running kinetics, lower-extremity stability, and 5000-m performance in runners? *J Strength Cond Res* 23 (1): 133-140.

Shinkle, J., Nesser, T.W., Demchak, T.J., and McMannus, D.M. 2012. Effect of core strength on the measure of power in the extremities. *J Strength Cond Res* 26 (2): 373-380.

Stanton, R., Reaburn, P., and Humphries, B. 2004. The effect of short-term Swiss ball training on core stability and running economy. *J Strength Cond Res* 18 (3): 522-528.

Thompson, C.J., Myers Cobb, K., and Blackwell, J. 2007. Functional training improves club head speed and functional fitness in older golfers. *J Strength Cond Res* 21 (1): 131-137.

Willson, J.D., Dougherty, C.P., Ireland, M.L., and Davis, I.M. 2005. Core stability and its relationship to lower extremity function and injury. *J Am Acad Orthop Surg* 13 (5): 316-325.

Willson, J.D., Ireland, M.L, and Davis, I. 2006. Core strength and lower extremity alignment during single leg squats. *Med Sci Sports Exerc* 38 (5): 945-952.

Capítulo 3

Abt, J.P., Smoliga, J.M., Brick, M.J., Jolly, J.T., and Lephart, S.M. 2007. Relationship between cycling mechanics and core stability. *J Strength Cond Res* 21 (4): 1300-1304.

Adkin, A.L., Frank, J.S., Carpenter, M.G., and Peysar, G.W. 2002. Fear of falling modifies anticipatory postural control. *Exper Brain Res* 143: 160-170.

Anderson, K., and Behm, D. 2004. Maintenance of EMG activity and loss of force output with instability. *J Strength Cond Res* 18 (3): 637-640.

Anderson, K., and Behm, D.G. 2005. Trunk muscle activity increases with unstable squat movements. *Can J Appl Physiol* 30 (1): 33-45.

Arjmand, N., and Shirazi-Adl, A. 2006. Role of intra-abdominal pressure in the unloading and stabilization of the human spine during static lifting tasks. *Eur Spine J* 15 (8): 1265-1275.

Behm, D.G. 1995. Neuromuscular implications and applications of resistance training. *J Strength Cond Res* 9 (4): 264-274.

Behm, D.G., and Anderson, K. 2006. The role of instability with resistance training. *J Strength Cond Res* 20 (3): 716-722.

Behm, D.G., Anderson, K., and Curnew, R.S. 2002. Muscle force and activation under stable and unstable conditions. *J Strength Cond Res* 16 (3): 416-422.

Behm, D.G., Drinkwater, E.J., Willardson, J.M., and Cowley, P.M. 2010a. Canadian Society for Exercise Physiology position stand: The use of instability to train the core in athletic and non-athletic conditioning. *Appl Physiol Nutr Metab* 35: 11-14.

Behm, D.G., Drinkwater, E.J., Willardson, J.M., and Cowley, P.M. 2010b. The use of instability to train the core musculature. *Appl Physiol Nutr Metab* 35: 5-23.

Behm, D.G., Faigenbaum, A.D., Falk, B., and Klentrou, P. 2008. Canadian Society for Exercise Physiology position paper: Resistance training in children and adolescents. *Appl Physiol Nutr Metab* 33 (3): 547-561.

Behm, D.G., Leonard, A., Young, W., Bonsey, A., and MacKinnon, S. 2005. Trunk muscle EMG activity with unstable and unilateral exercises. *J Strength Cond Res* 19 (1): 193-201.

Behm, D.G., and Sale, D.G. 1993. Velocity specificity of resistance training. *Sports Med* 15 (6): 374-388.

Behm, D.G., Wahl, M.J., Button, D.C., Power, K.E., and Anderson, K.G. 2005. Relationship between hockey skating speed and selected performance measures. *J Strength Cond Res* 19 (2): 326-331.

Bressel, E., Willardson, J.M., Thompson, B., and Fontana, F.E. 2009. Effect of instruction, surface stability, and load intensity on trunk muscle activity. *J Electromyogr Kinesiol* 19 (6): e500-e504.

Carolan, B., and Cafarelli, E. 1992. Adaptations in coactivation after isometric resistance training. *J Appl Physiol* 73 (3): 911-917.

Carpenter, M.G., Frank, J.S., Silcher, C.P., and Peysar, G.W. 2001. The influence of postural threat on the control of upright stance. *Exp Brain Res* 138 (2): 210-218.

Carter, J.M., Beam, W.C., McMahan, S.G., Barr, M.L., and Brown, L.E. 2006. The effects of stability ball training on spinal stability in sedentary individuals. *J Strength Cond Res* 20 (2): 429-435.

Cosio-Lima, L.M., Reynolds, K.L., Winter, C., Paolone, V., and Jones, M.T. 2003. Effects of physioball and conventional floor exercises on early phase adaptations in back and abdominal core stability and balance in women. *J Strength Cond Res* 17 (4): 721-725.

Cowley, P.M., Swensen, T., and Sforzo, G.A. 2007. Efficacy of instability resistance training. *Int J Sports Med* 28 (10): 829-835.

De Luca, C.J., and Mambrito, B. 1987. Voluntary control of motor units in human antagonist muscles: Coactivation and reciprocal activation. *J Neurophysiol* 58 (3): 525-542.

Drinkwater, E., Pritchett, E., and Behm, D.G. 2007. Effect of instability and resistance on unintentional squat lifting kinetics. *Int J Sports Physiol Perform* 2: 400-413.

Engelhorn, R. 1983. Agonist and antagonist muscle EMG activity pattern changes with skill acquisition. *Res Q Exerc Sport* 54 (4): 315-323.

Freeman, S., Karpowicz, A., Gray, J., and McGill, S. 2006. Quantifying muscle patterns and spine load during various forms of the push-up. *Med Sci Sports Exerc* 38 (3): 570-577.

Gaetz, M., Norwood, J., and Anderson, G. 2004. EMG activity of trunk stabilizers during stable/unstable bench press. *Can J Appl Physiol* 29 (Suppl.): S48.

Garhammer, J. 1981. Free weight equipment for the development of athletic strength and power: Part I. *Strength Cond J* 3 (6): 24-26.

Goodman, C.A., Pearce, A.J., Nicholes, C.J., Gatt, B.M., and Fairweather, I.H. 2008. No difference in 1 RM strength and muscle activation during the barbell chest press on a stable and unstable surface. *J Strength Cond Res* 22 (1): 88-94.

Grenier, S.G., Vera-Garcia, F.J., and McGill, S.M. 2000. Abdominal response during curl-ups on both stable and labile surfaces. *Phys Ther* 86 (6): 564-569.

Hamlyn, N., Behm, D.G., and Young, W.B. 2007. Trunk muscle activation during dynamic weight training exercises and isometric instability activities. *J Strength Cond Res* 21 (4): 1108-1112.

Hodges, P.W. 2001. Changes in motor planning on feedforward postural responses of the trunk muscles in low back pain. *Exper Brain Res* 141: 261-266.

Hodges, P.W., and Richardson, C.A. 1996. Inefficient muscular stabilization of the lumbar spine associated with low back pain. *Spine* 21 (22): 2640-2650.

Hodges, P.W., and Richardson, C.A. 1997. Relationship between limb movement speed and associated contraction of the trunk muscles. *Ergonomics* 40 (11): 1220-1230.

Hodges, P.W., and Richardson, C.A. 1999. Altered trunk muscle recruitment in people with low back pain with upper limb movement at different speeds. *Arch Phys Med Rehab* 80: 1005-1012.

Hogan, N. 1984. Adaptive control of mechanical impedance by coactivation of antagonist muscles. *Int Elec Eng J* 29: 681-690.

Holtzmann, M., Gaetz, M., and Anderson, G. 2004. EMG activity of trunk stabilizers during stable and unstable push-ups. *Can J Appl Physiol* 29 (Suppl.): S55.

Itoi, E., Kuechle, D., Newman, S., Morrey, B., and An, K. 1993. Stabilizing function of the biceps in stable and unstable shoulders. *J Bone Joint Surg* 75 (4): 546-550.

Karst, G.M., and Hasan, Z. 1987. Antagonist muscle activity during human forearm movements under varying kinematic and loading conditions. *Exper Brain Res* 67: 391-401.

Kibele, A., and Behm, D.G. 2009. Seven weeks of instability and traditional resistance training effects on strength, balance and functional performance. *J Strength Cond Res* 23 (9): 2443-2450.

Kornecki, S., Kebel, A., and Siemienski, A. 2001. Muscular cooperation during joint stabilization, as reflected by EMG. *Eur J Appl Physiol* 85 (5): 453-461.

Kornecki, S., and Zschorlich, V. 1994. The nature of stabilizing functions of skeletal muscles. *J Biomech* 27 (2): 215-225.

Koshida, S., Urabe, Y., Miyashita, K., Iwai, K., and Kagimori, A. 2008. Muscular outputs during dynamic bench press under stable versus unstable conditions. *J Strength Cond Res* 22 (5): 1584-1588.

Lear, L.J., and Gross, M.T. 1998. An electromyographical analysis of the scapular stabilizing synergists during a push-up progression. *J Orthop Sports Phys Ther* 28 (3): 148-149.

Marsden, C.D., Obeso, J.A., and Rothwell, J.C. 1983. The function of the antagonist muscle during fast limb movements in man. *J Physiol* 335: 1-13.

Marshall, P., and Murphy, B. 2006a. Changes in muscle activity and perceived exertion during exercises performed on a swiss ball. *Appl Physiol Nutr Metab* 31 (4): 376-383.

Marshall, P.W., and Murphy, B.A. 2006b. Increased deltoid and abdominal muscle activity during Swiss ball bench press. *J Strength Cond Res* 20 (4): 745-750.

McBride, J., Cormie, P., and Deane, R. 2006. Isometric squat force output and muscle activity in stable and unstable conditions. *J Strength Cond Res* 20 (4): 915-918.

McCaw, S. 1994. The comparison of muscle activity between a free weight and machine bench press. *J Strength Cond Res* 8: 259-264.

McCurdy, K., and Conner, C. 2003. Unilateral support resistance training incorporating the hip and knee. *Strength Cond J* 25 (2): 45-51.

McGill, S.M. 2001. Low back stability: From formal description to issues for performance and rehabilitation. *Exerc Sport Sci Rev* 29 (1): 26-31.

Nagy, E., Toth, K., Janositz, G., Kovacs, G., Feher-Kiss, A., Angyan, L., and Horvath, G. 2004. Postural control in athletes participating in an Ironman triathlon. *Eur J Appl Physiol* 92 (4-5): 407-413.

Noe, F., and Paillard, T. 2005. Is postural control affected by expertise in Alpine skiing? *Br J Sports Med* 39 (11): 835-837.

Norris, C.M. 2000. *Back Stability*. Champaign, IL: Human Kinetics.

Nuzzo, J.L., McCaulley, G.O., Cormie, P., Cavill, M.J., and McBride, J.M. 2008. Trunk muscle activity during stability ball and free weight exercises. *J Strength Cond Res* 22 (1): 95-102.

Payne, V.G., and Isaacs, L.D. 2005. *Human Motor Development: A Lifespan Approach*. 6th ed. Boston: McGraw-Hill.

Payne, V.G., Morrow, J.R., Johnson, L., and Dalton, S.N. 1997. Resistance training in children and youth: A meta-analysis. *Res Q Exerc Sport* 1: 80-88.

Person, R.S. 1958. EMG study of co-ordination of activity of human antagonist muscles in the process of developing motor habits. *J Vysceit Nerveun Dejat* 8: 17-27.

Sale, D.G. 1988. Neural adaptation to resistance training. *Med Sci Sports Exerc* 20 (5): 135-145.

Siff, M.C. 1991. The functional mechanics of abdominal exercise. *SA J Sports Med* 6 (5): 15-19.

Simpson, S.R., Rozenek, R., Garhammer, J., Lacourse, M., and Storer, T. 1997. Comparison between one repetition maximums between free weights ad universal machine exercises. *J Strength Cond Res* 11 (2): 103-106.

Sparkes, R., and Behm, D.G. 2010. Training adaptations associated with an 8 week instability resistance training program with recreationally active individuals. *J Strength Cond Res* 24 (7): 1931-1941.

Stone, M. 1982. Considerations in gaining a strength-power training effect (machine versus free weights): Free weights. Part II. *Strength Cond J* 4 (4): 22-54.

Vera-Garcia, F.J., Grenier, S.G., and McGill, S.M. 2002. Abdominal muscle response during curl-ups on both stable and labile surfaces. *Phys Ther* 80 (6): 564-569.

Verhagen, E.A., van Tulder, M., van der Beek, A.J., Bouter, L.M., and van Mechelen, W. 2005. An economic evaluation of a proprioceptive balance board training programme for the prevention of ankle sprains in volleyball. *Br J Sports Med* 39 (2): 111-115.

Vuillerme, N., Teasdale, N., and Nougier, V. 2001. The effect of expertise in gymnastics on proprioceptive sensory integration in human subjects. *Neurosci Lett* 311 (2): 73-76.

Wahl, M.J., and Behm, D.G. 2008. Not all instability training devices enhance muscle activation in highly resistance-trained individuals. *J Strength Cond Res* 22 (4): 1360-1370.

Willardson, J.M. 2004. The effectiveness of resistance exercises performed on unstable equipment. *Strength Cond J* 26 (5): 70-74.

Willardson, J.M., Fontana, F.E., and Bressel, E. 2009. Effect of surface stability on core muscle activity for dynamic resistance exercises. *Int J Sports Physiol Perform* 4 (1): 97-109.

Capítulo 4

Behm, D.G., Leonard, A.M., Young, W.B., Bonsey, W.A.C., and MacKinnon, S.N. 2005. Trunk muscle electromyographic activity with unstable and unilateral exercises. *J Strength Cond Res* 19 (1): 193-201.

McCurdy, K.W., Langford, G.A., Doscher, M.W., Wiley, L.P., and Mallard, K.G. 2005. The effects of short-term unilateral and bilateral lower-body resistance training on measures of strength and power. *J Strength Cond Res* 19 (1): 9-15.

Willardson, J.M. 2006. Unstable resistance training. NSCA Hot Topic Series. March. Available: www.nscalift.org/HotTopic/download/Unstable%20Resistance%20Exercises.pdf.

Capítulo 5

Cook, G. 2003. *Athletic Body in Balance*. Champaign, IL: Human Kinetics.

Floyd, R.T. 2009. *Manual of Structural Kinesiology*. 17th ed. New York: McGraw-Hill.

Willardson, J.M. 2008. A periodized approach for core training. *ACSMS Health Fit J* 12 (1): 7-13.

Zatsiorsky, V.M. 1995. *Science and Practice of Strength Training*. Champaign, IL: Human Kinetics.

Capítulo 7

Cook, G. 2003. *Athletic Body in Balance*: Optimal Movement Skills and Conditioning for Performance. Champaign, IL: Human Kinetics.

French, D. 2009. *The Big Man Syndrome*: Developing multidirectional speed and agility in tall athletes. Basketball Symposium presentation, NSCA National Conference, Las Vegas.

Gambetta, V. 2007. *Athletic Development: The Art and Science of Functional Sports Conditioning*. Champaign, IL: Human Kinetics.

McGill, S. 2009. *Ultimate Back Fitness and Performance*. Waterloo, ON: Backfitpro Inc.

Roetert, P. 2001. 3-D balance and core stability. In *High Performance Sports Conditioning*, ed. B. Foran, 119-137. Champaign, IL: Human Kinetics.

Zatsiorsky, V., and Kraemer, W. 2006. *Science and Practice of Strength Training*. Champaign, IL: Human Kinetics.

Capítulo 10

Emmert, W. 1984. The slap shot: Strength and conditioning program for hockey at Boston College. *Strength Cond J* 6 (2): 4-9.

Fredericson, M., and Moore, T. 2005. Core stabilization training for middle and long distance runners. *New Stud Athletics* 20: 25-37.

Goodman, P. 2004. Connecting the core. *NSCA's Perform Training J* 3 (6): 10-14. Available: www.nsca-lift.org/Perform/Issues/0306.pdf.

McGill, S. 2004. *Ultimate Back Fitness and Performance*. Waterloo, ON: Wabuno.

Ninos, J. 2001. A chain reaction: The hip rotators. *Strength Cond J* 23 (2): 26-27.

Porterfield, J., and Derosa, C. 1998. *Mechanical Low Back Pain: Perspectives in Functional Anatomy*. Philadelphia: Saunders.

Szymanski, D., DeRenne, C., and Spaniol, F. 2009. Contributing factors for increased bat swing velocity. *J Strength Cond Res* 23 (4): 1338-1352.

Twist, P. 2001. Hockey. In *High Performance Sports Conditioning*, ed. B. Foran, 247-256. Champaign, IL: Human Kinetics.

Wells, K., and Luttgens, K. 1976. **Kinesiology: Scientific Basis of Human Motion**. Philadelphia: Saunders.

Yessis, M. 1999. *Explosive Golf*. Toronto: Master Press.

Capítulo 11

Bangsbo, J. 1994. The physiology of soccer – with special reference to intense intermittent exercise. *Acta Physiol Scand* 150: 615.

Bangsbo, J., Nørregaard, L., and Thorsøe, F. 1991. Activity profile of competition soccer. *Can J Sport Sci* 16: 110-116.

Helgerud, J., Engen, L.C., Wisloff, U., et al. 2001. Aerobic endurance training improves soccer performance. *Med Sci Sports Exerc* 11: 1925-1931.

McGill, S. 2004. *Ultimate Back Fitness and Performance*. Waterloo, ON: Wabuno.

Reilly, T. 1994. Physiological profile of the player. In *Football (soccer)*, ed. B. Ekblom, 78-95. London: Blackwell.

Reilly, T., ed. 1996. *Science and Soccer*. London: Chapman & Hall.

Capítulo 13

Kovacs, M., Chandler, W.B., and Chandler, T.J. 2007. *Tennis Training: Enhancing On-Court Performance*. Vista, CA: Racquet Tech Publishing.

Roetert, E.P., and Ellenbecker, T.S. 2007. *Complete Conditioning for Tennis*. 2nd ed. Champaign, IL: Human Kinetics.

Roetert, E.P., McCormick, T., Brown, S.W., and Ellenbecker, T.S. 1996. Relationship between isokinetic and functional trunk strength in elite junior tennis players. *Isokinet Exerc Sci* 6: 15-30.

Capítulo 15

Black, B. 1995. Conditioning for volleyball. *Strength Cond* 17 (5): 53-55.

Brumitt, J., and Meira, E. 2006. Scapular stabilization rehab exercise prescription. *Strength Cond J* 28 (3): 62-65.

Gadeken, S.B. 1999. Off-season strength, power, and plyometric training for Kansas State Volleyball. *Strength Cond J* 21 (6): 49-55.

Hedrick, A. 2000. Training the trunk for improved athletic performance. *Strength Cond J* 22 (4): 50-61.

Hedrick, A. 2002. Designing effective resistance training programs: A practical example. *Strength Cond J* 24 (6): 7-15.

Regan, D. 1996. The role of scapular stabilization in overhead motion. *Strength Cond* 18 (1): 33-38.

Capítulo 16

Gambetta, V. 2007. *Athletic Development: The Art and Science of Functional Sports Conditioning*. Champaign, IL: Human Kinetics.

Grindstaff, T.L., and Potach, D.H. 2006. Prevention of common wrestling injuries. *Strength Cond J* 28 (4): 20-28.

Kraemer, W.J., Vescovi, J.D., and Dixon, P. 2004. The physiological basis of wrestling: Implications for conditioning programs. *Strength Cond J* 26 (2): 10-15.

Newton, H. 2006. *Explosive lifting for sports*. Champaign, IL: Human Kinetics.

Yard, E.E., Collins, C.L., Dick, R.W., and Comstock, R.D. 2008. An epidemiologic comparison of high school and college wrestling injuries. *Am J Sports Med* 36 (1): 57-64.

Índice remissivo

Observação:

As letras f e t em itálico após os números das páginas referem-se a figuras e tabelas, respectivamente.

do simples ao complexo 140

no futebol 188, 188t, 189t

na natação 195-197

no vôlei 215t-216t

proporção entre descanso e trabalho 152-153, 153t

proprioceptores 27, 56

Q

quadrado lombar 20f, 21t

quadril, ossos do 17, 17f

R

reabilitação, treinamento de instabilidade em 59

reativas, *medicine balls* 144

regra de 3 a 5 séries 142

Reilly, T. 185

remada suspensa 132, 132f

repetições 142-145, 151, 152-153

resistência do músculo

no beisebol e softbol 158t-159t

em programa de treinamento do *core* 142-143

lesões e 58

no tênis 203

resistência muscular isométrica, avaliação da 35-37, 36f, 37f

respiração, estabilidade da coluna e 26

reto abdominal 21t

Richardson, C.A. 19, 23, 58

Roetert, E.P. 201, 202

Roetert, P. 167

rolamento com tubo de espuma 170

romboide 22t

rotação com barra inclinada 130, 130f

rotação de lado a lado, exercício 121, 121f

ruptura de torque 50

russian twist, exercício 77, 77f

S

sacroespinhal 20f

Saeterbakken, A.H. 45

Sale, D.G. 48, 55, 57

samurai três pontos, exercício 977, 97f

Santana, J.C. 13, 29

SEBT (Star Excursion Balance Test), teste 39-40, 40f

sequência mobilidade-estabilidade 187

serrátil anterior 22t

Shinkle, J. 42, 42f-43f

Siff, M.C. 54

sistemas de energia

na luta 220

no vôlei 213

sistemas de suspensão, na natação 194

sobrecarga 213-214, 215

sóleo, instabilidade no exercício e 52

Sparkes, R. 52

Stanton, R. 40, 41t

Star Excursion Balance Test (SEBT) 39-40, 40f

super-homem, exercício 50, 100, 100f

supino, instabilidade e 48, 52

Swensen, T.C. 44, 44f

Szymansky, D. 182

T

Teeple, P. 33, 36-37, 37f, 39

tempo de reação 144

tênis 201-205

desequilíbrio dos músculos do *core* em 146, 203, 205

exemplos de programas de desenvolvimento do *core* 204-205, 204t, 205t

exercícios do *core* exclusivos para 205

importância da musculatura do *core* em 201-202

princípios do exercício 203

Sobre a NSCA

A **National Strength and Conditioning Association (NSCA)** é a líder mundial na área de condicionamento físico no esporte. Tendo como base os recursos e as competências dos profissionais mais reconhecidos em treinamento de força e condicionamento físico, ciência do esporte, pesquisa de desempenho, educação e medicina esportiva, a NSCA é fonte confiável do mundo de diretrizes de conhecimento e formação para treinadores e atletas. A NSCA proporciona a ligação crucial entre o laboratório e o campo.

Sobre o organizador

 **Jeffrey M. Willardson, Ph.D.**, atualmente, é professor associado no Departamento de Cinesiologia e Estudos de Esportes na Eastern Illinois University, em Charleston, na qual ensina Biomecânica, Princípios de Fisiologia do Exercício e Princípios do Treinamento Resistido. Ele obteve seu doutorado em exercício e bem-estar pela Arizona State University, em 2005, e foi premiado como Outstanding Graduating Scholar. Ele já realizou ou colaborou com mais de 50 investigações científicas e revisões que examinam os aspectos do treinamento de peso para melhorar a saúde e o desempenho atlético. Em 2012, ele foi palestrante de destaque no Simpósio Internacional de Ciências do Esporte realizado, em São Paulo, Brasil.

O doutor Willardson é especialista certificado em musculação e condicionamento físico e atua no Conselho de Educação da Collegiate Strength and Conditioning Coaches Association. Ele gosta de ensinar aos alunos os aspectos aplicados da investigação científica, preparando-os para carreiras de sucesso. Em seu tempo livre, o doutor Willardson gosta de levantar pesos e de ficar com sua família.

Sobre os colaboradores

 **David Behm, Ph.D.,** é diretor associado de estudos de pós-graduação e pesquisa na Escola de Cinética Humana e Lazer na Memorial University of Newfoundland. Publicou 120 artigos sobre assuntos como respostas neuromusculares ao treinamento resistido, alongamento, reabilitação e outros estressores fisiológicos. Ele recebeu o Prêmio da Memorial University por Excelência em Pesquisa, além do prêmio por Excelência de Serviço. Behm foi atraído para a Liga Canadense de Futebol Americano, jogou hóquei júnior, ganhou campeonatos canadenses de tênis e *squash* e correu quatro maratonas (devagarinho).

 **Eric Childs, MEd,[1] CSCS,[2] CPT,[3]** é professor de Cinesiologia e supervisor de professores em formação nas áreas de saúde e de educação física na Penn State University. Ex-lutador, Childs passou 10 anos como treinador assistente e treinador de musculação da equipe de luta da Penn State University. Antes de trabalhar nessa universidade, ele trabalhou uma temporada como treinador de musculação e condicionamento físico do time de beisebol Texas Rangers. Childs é ex-professor do ensino médio nas disciplinas de Levantamento de Peso e de Educação Física. Ele também foi treinador de luta no sul da Flórida.

 **Jay Dawes, Ph.D.,** é professor assistente de musculação e condicionamento físico da Universidade do Colorado e atua como consultor para vários atletas e treinadores. Ele é certificado pela NSCA como especialista em musculação e condicionamento físico e *personal trainer*; pela Australian Strength and Conditioning Association como treinador de musculação de nível 2; pelo American College of Sports

Medicine (ACSM) como especialista em condicionamento saudável (ACSM--HFS); e pela USA Weightlifting como treinador de clube. Em 2009, ele foi aceito como *fellow* da NSCA (FNSCA). Dawes é um dos editores-chefe do *Journal of Sport and Human Performance*, editor de uma coluna do *Strength and Conditioning Journal* e editor associado do *Journal of Australian Strength and Conditioning*.

James Di Naso, MA,[4] é coproprietário do Body Club, um centro de treinamento e condicionamento esportivo em Charleston, Illinois. Ele atuou como diretor executivo de desempenho esportivo para a Velocity Sports Performance, em Willowbrook, Illinois, durante os dois primeiros anos de funcionamento. Di Naso tem mais de 23 anos de experiência como treinador e já ajudou milhares de atletas a alcançar em seus objetivos de preparação e desempenho, incluindo atletas profissionais da Liga Nacional de Futebol Americano (NFL, na sigla em inglês) e da Liga Principal de Beisebol (MLB, na sigla em inglês). A experiência de Di Naso em desenvolvimento de força e potência vem de anos de trabalho com levantamento de peso olímpico, treinando, em nível nacional, membros em idade escolar do seu clube de levantamento de peso. Ele também é um palestrante solicitado, tendo se apresentado em várias conferências estaduais e nacionais, incluindo a NSCA Sport-Specific Training Conference, a Frank Glazier Football Conference, e as clínicas estaduais da NSCA. Escreve artigos e capítulos em publicações nacionais. Di Naso obteve o grau de mestre em Ciência do Exercício pela Eastern Illinois University e é um especialista em musculação e condicionamento físico certificado pela NSCA, além de *personal trainer* certificado. É diretor estadual da NSCA para Illinois, cargo que ocupa desde 2011.

Allen Hedrick, MA, é o treinador principal de musculação e condicionamento físico da Colorado State University em Pueblo (CSUP). Ele dá aulas de musculação e musculação avançada na CSUP e aulas na graduação em musculação e condicionamento físico na Universidade do Colorado, em Colorado Springs. Hedrick obteve seu mestrado em Ciência do Exercício pela Universidade do Estado da Califórnia, em Fresno. Ele é autor de mais de 100 artigos sobre vários temas relacionados a musculação e condicionamento físico e, em 2003, foi escolhido Treinador de Musculação e Condicionamento Físico do Ano pela NSCA. Hedrick é treinador registrado e especialista certificado em musculação e condicionamento físico pela NSCA. Ele recebeu a distinção de *fellow* da organização. Ele gosta de trabalhar com atletas universitários, para melhorar o desempenho dele. Nos momentos de lazer, gosta de passar o tempo com sua esposa e os dois filhos e de participar em competições de levantamento de peso.

 **Jeffrey Kipp, MA,**[4] começou sua carreira de treinador em 2004, na Air Academia da Força Aérea, como treinador auxiliar de musculação e condicionamento físico. Sua principal função é supervisionar todos os aspectos referentes a velocidade, força e programa de condicionamento físico do time de hóquei da Força Aérea. Ele também trabalhou com o time de futebol americano Falcon, no programa de lacrosse, com a equipe de atletismo e a equipe de *cross country*. Antes disso, Kipp atuou como treinador de desempenho no Velocity Sports Performance, em Denver e em Evergreen, Colorado, como treinador auxiliar de musculação e condicionamento físico na Universidade de Denver e coordenador de musculação e condicionamento físico na Escola de Minas do Colorado.

Kipp obteve seu título de bacharel em Cinesiologia pela Texas A&M University, em 1995, e seu mestrado em Ciência do Exercício pela University of Northern Colorado, em 2004. Ele é especialista em musculação e condicionamento físico (CSCS)[2] pela NSCA e é certificado pela National Association of Speed and Explosion, onde trabalha como diretor estadual do Colorado. Kipp é membro da Collegiate Strength and Conditioning Coaches Association, da USA Weightlifting e da USA Track and Field.

Mark Kovacs, Ph.D., é fisiologista do desempenho, pesquisador, autor, palestrante e treinador com extensa experiência em treinamento e educação de atletas, treinadores e administradores em todos os níveis. Ele dirigiu os departamentos de Ciência do Esporte, Musculação e Condicionamento Físico e Educação em *Coaching* da United States Tennis Association (USTA). Também foi fundamental para a formação da International Tennis Performance Association (ITPA). É *fellow* do ACSM, publicou mais de 50 artigos científicos revisados pelos pares e resumos em revistas importantes e foi editor-chefe associado do *Strength and Conditioning Journal*. Kovacs faz parte do conselho editorial de várias publicações, como o *Journal of the International Society of Sports Nutrition*. Ele já ministrou *workshops*, palestras e mais de 100 apresentações em quatro continentes. Natural de Melbourne, Austrália, ele foi campeão de duplas no tênis da All-American e da National Collegiate Athletic Association, na Universidade de Auburn. Depois de jogar profissionalmente, obteve seu doutorado em Fisiologia do Exercício pela Universidade do Alabama. Kovacs é especialista em musculação e condicionamento físico certificado pela NSCA, especialista em Desempenho no Tênis certificado pelo ITPA, especialista em Condicionamento Saudável certificado pelo ACSM, treinador de atletismo nível II dos Estados Unidos e treinador de tênis certificado. Ele já publicou cinco livros sobre temas como alongamento dinâmico e recuperação e organizou várias conferências sobre ciências do esporte. Kovacs recebeu o Plagenhoef Award por realizações em ciências do esporte em 2010 e o prêmio de Mérito Educacional do International Tennis Hall of Fame em 2012.

Russ Malloy, CPT,[3] **CSCS,**[2] é treinador-chefe de musculação e condicionamento físico em sua empresa, Heart of a Champion. Malloy oferece programas de treinamento para atletas e não atletas, ajudando-os a atingir seus objetivos atléticos e pessoais. Ele atuou em várias organizações, incluindo o Basketball Special Interest Group (SIG) da National Society of Collegiate Scholars (NSCS), ajudando a criar oportunidades de educação continuada para os membros do SIG. Malloy vive em Boulder, no Colorado, e trabalha como treinador de musculação para atletas amadores de basquete, softbol, futebol americano, hóquei, futebol, tênis, *strongman*, levantamento olímpico, jiu-jítsu, *muay thai* e MMA. Ele também treina e participa de competições de força na Escócia e de campeonatos de jiu-jítsu.

Patrick McHenry, MA,[4] é o treinador principal de musculação e condicionamento físico na Castle View High School, em Castle Rock, Colorado. Ele é responsável pelos programas de levantamento de peso e de agilidade e velocidade para aulas de levantamento de peso, e trabalha com 20 equipes esportivas escolares. McHenry também é editor associado do *Strength and Condition Journal* da NSCA e colaborador do *Performance Training Journal*. Ele é mestre em Educação Física com área de concentração em Cinesiologia pela University of Northern Colorado e é especialista certificado em musculação e condicionamento físico com distinção (CSCS*D) e treinador de musculação registrado pela NSCA. Ele também é treinador de clube certificado pela USA Weightlifting. McHenry foi escolhido como Treinador de Musculação Regional do Ano pela *American Football Monthly*, em 2003, e Treinador do Ano de Musculação do Ensino Médio pela NSCA, em 2005. Em 2006, ele recebeu o Prêmio Editorial Excellence do *Strength and Conditioning Journal*. Também recebeu em 2010 o Strength of America Award do Conselho Presidencial de Condicionamento Físico, Esportes e Nutrição. Em 2012, ele foi o Professor de Educação Física do Ano da Colorado High School.

Thomas W. Nesser, Ph.D., é professor associado no Departamento de Cinesiologia, Recreação e Esporte na Indiana State University, na qual tem como área de concentração o desenvolvimento e o ensino de cursos sobre desempenho humano, musculação e condicionamento físico. Ele é membro da NSCA desde 1990 e reconhecido especialista em musculação e condicionamento físico desde 1993. O doutor Nesser é ex-diretor da NSCA no Estado de Indiana e membro do Comitê de Educação da NSCA. Ele é licenciado em Ciência do Esporte pela St. Olaf College, mestre em Ciência do Exercício pela Universidade de Nebraska, em Omaha, e doutor em Cinesiologia pela Universidade de Minnesota. Nesser pesquisa o desempenho humano, com área de concentração no impacto do *core* no desempenho esportivo.

Brijesh Patel, MA[4], é o principal treinador de musculação e condicionamento físico do Departamento de Atletismo da Quinnipiac University, na qual trabalha principalmente com as equipes masculinas e femininas de basquete e hóquei no gelo, mas também atua como supervisor de musculação e condicionamento físico em todas as outras 21 equipes esportivas do colégio. Sua área de concentração é em preparação anual e nutrição para os atletas. Patel já foi treinador assistente de musculação e condicionamento físico na College of the Holy Cross, em Worcester, Massachusetts. Antes da Holy Cross, Patel atuou como treinador assistente de musculação e condicionamento físico na Universidade de Connecticut, na qual trabalhou com hóquei no gelo feminino, beisebol feminino, natação e mergulho masculino e feminino, equipes femininas de *cross country* e ajudou nos programas de basquete e futebol americano masculinos.

Patel escreveu um artigo na edição de janeiro de 2003 da *Pure Power Magazine*. Ele também foi palestrante convidado em eventos como a Clínica de Musculação e Condicionamento Físico do Estado da Pensilvânia, realizada na Juniata College pela NSCA; o Seminário de Mike Boyle para Treinador de Musculação Funcional; o Seminário de Inverno de Mike Boyle; e o Simpósio de Desempenho Atlético. Patel tem certificados da NSCA, da USA Weightlifting e da Cruz Vermelha e também é fundador e sócio da SB Coaches College. Obteve o grau de bacharel em Cinesiologia e o mestrado em Gestão do Esporte pela Universidade de Connecticut. Vive com sua esposa e os dois filhos em Hamden, Connecticut.

Joel Raether, MAEd,[5] atua desde 2007 como diretor de desempenho esportivo do time de lacrosse Colorado Mammoth, da Liga Nacional de Lacrosse. Ele foi o coordenador de programas de educação da NSCA entre 2009 e 2011. Sua carreira de treinador inclui passagens como treinador assistente de musculação e condicionamento físico da

Universidade de Denver entre 2002 e 2009 e da Universidade de Nebraska entre 2000 e 2002. Raether obteve títulos de bacharel e mestre em Ciência do Exercício pela University of Nebraska, em Kearney. Ele é especialista certificado em musculação e condicionamento físico com distinção (CSCS*D), além de treinador registrado de musculação e condicionamento físico com distinção (RSCC*D) pela NSCA.

Raether foi coautor dos livros *101 Agility Drills* e *101 Sand Bag Exercises* e colaborou com os títulos *Fit Kids for Life* e *Developing Agility and Quickness*. Publicou diversos artigos revisados por especialistas e artigos na imprensa, bem como DVDs de treinamento. Ele já treinou atletas em todos os níveis do ensino médio, da National Collegiate Athletic Association (NCAA), da National Hockey League (NHL), da NFL (National Football League), da National Lacrosse League (NLL), da Major League Lacrosse (MLL), da Major League Soccer (MLS), da Copa do Mundo de Esqui e da Ladies Professional Golf Association (LPGA). Raether treinou muitos atletas *All-Americans* e dois atletas olímpicos. Ele também já foi treinador em mais de 15 campeonatos regionais e mais de 10 campeonatos nacionais universitários. Raether é cofundador da Performance Systems Sandbag Training (PST) e da Performance Education Association (TPEA).

 **Scott Riewald, Ph.D.**, é diretor de esportes de inverno de alto desempenho do Comitê Olímpico dos EUA. Riewald supervisiona uma equipe de profissionais de Ciências do Esporte e, em parceria com os órgãos de governo ligados aos esportes de inverno, ajuda a desenvolver serviços e estratégias de apoio para preparar os atletas dos EUA para competições internacionais, com foco nos Jogos Olímpicos e nos campeonatos mundiais. Ele tem formação em Biomecânica e Engenharia Biomédica, com graduação e pós-graduação pela Universidade de Boston e Universidade Northwestern. Riewald trabalhou como diretor de biomecânica da USA Swimming e como administrador de ciência do esporte da Associação Americana de Tênis antes de entrar para o Comitê Olímpico dos EUA.

Greg Rose, DC,[6] é médico quiroprático credenciado e é graduado em Engenharia pela Universidade de Maryland. Rose é especialista em Avaliação e Tratamento de Golfistas, Biomecânica Tridimensional, Musculação e Condicionamento Físico, Terapia Manual, Reabilitação, Suplementação Nutricional e Exercícios Terapêuticos. Combinando sua formação em engenharia com conhecimentos sobre o corpo humano, Rose foi pioneiro no campo dos modelos de captura de movimentos tridimensionais do *swing* no golfe. Essa pesquisa ajudou profissionais do golfe em todo o mundo a entender melhor como funciona o corpo durante o *swing* no golfe. Desde 1996, Rose tem ajudado milhares de golfistas de todos os níveis a atingirem o ápice do desempenho atlético. Seu treinamento funcional baseado em pesquisas de ponta, combinado com exercícios de aprendizagem motora específica para o golfe, fizeram de Rose um dos profissionais mais importantes de musculação e condicionamento físico no golfe. Rose também ajudou a desenvolver a Avaliação Seletiva do Movimento Funcional (SFMA, na sigla em inglês), uma avaliação de movimento revolucionária que auxilia na identificação de alterações no controle motor e ajuda os médicos a tratarem os pacientes com mais eficiência.

Rose aparece frequentemente no Golf Channel, no programa semanal do Titleist Performance Institute (TPI). A série de seminários de certificação TPI tornou Rose um dos palestrantes mais requisitados em Saúde e Condicionamento Físico no golfe. Ele deu palestras em mais de 21 países e foi destaque em muitas publicações e notícias sobre golfe. Rose e sua família vivem em San Diego.

Brad Schoenfeld, MSc, é considerado um dos maiores especialistas em musculação e condicionamento físico dos EUA. Escolhido *Personal Trainer* do Ano de 2011 pela NSCA, ele é professor do departamento de ciência do exercício e diretor do laboratório de desempenho humano no CUNY Lehman College. Schoenfeld é autor de outros oito livros de preparação física, incluindo *The MAX Muscle Plan*, *Women's Home Workout Bible*, *Sculpting Her Body Perfect*, *28-Day Body Shapeover* e o *best-seller Look Great Naked*. Ele é ex-colunista da revista *FitnessRX for Women*, teve textos publicados em praticamente todas as grandes revistas de preparação física (incluindo *Muscle and Fitness, Ironman* e *Shape*) e já participou centenas de programas de televisão e de rádio nos Estados Unidos. Certificado em Musculação e Condicionamento Físico e *personal trainer* certificado pela NSCA, pelo American Council on Exercise e pelo ACSM, Schoenfeld recebeu o prêmio de treinador *master* da IDEA Health and Fitness Association. Ele frequentemente ministra palestras tanto para profissionais como para o público geral. Atualmente, é doutorando na Rocky Mountain University, e sua pesquisa versa sobre os mecanismos de hipertrofia muscular e sua aplicação no treinamento resistido.

David J. Szymanski, Ph.D., é professor associado no Departamento de Cinesiologia, diretor do Laboratório de Fisiologia Aplicada e treinador principal de musculação e condicionamento físico de beisebol na Louisiana Tech University, na qual também tem a bolsa Eva Cunningham para Professores na área de Educação. Ele é treinador de musculação e condicionamento físico certificado com distinção (CSCS*D), *fellow* e vice-presidente da NSCA. Ministra cursos de Musculação e Condicionamento Físico, Fisiologia do Exercício e Prescrição de Exercício. Ele obteve seu Ph.D. em Fisiologia do Exercício pela Auburn University em 2004 e recebeu o prêmio Outstanding Graduate Student em 2001. Já realizou ou contribuiu com mais de 50 estudos científicos e resenhas examinando vários aspectos do desempenho esportivo. Sua pesquisa tem se concentrado nas formas de melhorar o desempenho no beisebol e no softbol. Ele foi diretor de desempenho esportivo da Velocity Sports Performance, em Tulsa, fisiologista do exercício do time de beisebol da Auburn University por cinco anos, assistente de treinador de beisebol voluntário da Auburn University por dois anos e assistente técnico de beisebol e diretor da sala de musculação na Texas Lutheran University durante quatro anos.

---

1 MEd – Medical Degree.
2 CSCS – Certified Strength and Conditioning Specialist.
3 CPT – Certified Personal Trainer.
4 MA – Master of Arts.
5 MAEd – Master of Education.
6 DC – Doctor of Chiropratic.

Sobre o Livro
Formato: 18 × 22,5 cm
Mancha: 12,4 × 17 cm
Papel: Offset 90g
nº páginas: 264
1ª edição: 2017

Equipe de Realização
Assistência editorial
Liris Tribuzzi

Assessoria editorial
Maria Apparecida F. M. Bussolotti

Edição de texto
Gerson Silva (Supervisão de revisão)
Roberta Heringer de Souza Villar (Preparação do original e copidesque)
Fernanda Fonseca e Adriana Moura (Revisão)

Editoração eletrônica
Vanessa Dal (Adaptação de projeto gráfico e diagramação)

Impressão
Gráfica Santa Marta